百年分を一時間で

山本夏彦

文春新書
128

百年分を一時間で／目次

カット・浜野孝典

・・・流行歌・・・

――今回は流行歌。昔から流行歌ってあったんですか。

山本　エーッ（驚愕）。なかったと思ってたんですか。流行歌って言葉が新しいからかな。「恋は神代の昔から」って歌があるじゃない。知らない？　昭和四十年頃流行《はや》った、畠山みどりって歌手が巫女《みこ》に扮装して歌った。

――知りません。

山本　歌も神代の昔からです。花になく鶯、水にすむかわずの声、生きとし生けるもの、いずれか歌をよまざりける、古今集《こきんしゅう》の序です。

――よまざりけるは詠むって事ですか。

山本　そうです。他にどんな意味があるんです。こんな情けない人を才女だの菩薩《ぼさつ》だのといって褒めてくれるファンがあるんだから。

――念のためにうかがっただけです。菩薩なら私の手のひらから山本さんは出られないってことですね。

山本　そういうことだけ知っている。万葉も、古今も歌です。俵万智みたいな歌だと思うがいい、昔の口語なんだから。当時の人はあれで分った。それがそのまま凍結され難解になった。いっぽう平安末期のご詠歌《えいか》、俗謡を集めたものに「梁塵秘抄《りょうじんひしょう》」がある。

――タイトルからして難しいです。

山本　学のある人がつけたからです。りょうは梁《はり》、梁の上の塵を動かすってこと。出久根達郎さんの連載「逢はばや見ばや」はこれからとった、新仮名でないとわからないと出久根さんは一冊にまとめるとき「逢わばや見ばや」と新仮名にさせられました。

山本　明治になって西洋が入ってくると「脱亜入欧」で、なんでも西洋のまねをした。歌もそうです。明治二十年代までは新旧雅俗和洋ありとあらゆるものが出てきて、混沌たる時代です。まだ音楽とはいえないもの。オッペケペー節、川上音二郎の専売です。はやし言葉みたいなものです。あーらめちゃんたら　ぎっちょんちょんで　パイのパイのパイ　へらへったら　へらへらへ、これらは歌謡曲以前のもので、寄席から大流行した。

――今のテレビと同じですね。

ああ世は夢かまぼろしか

山本　寄席の客は目ききばかりじゃない。教育のないのもいる、女子供もいる。木戸銭払ったただけ笑わせてくれ。だから一流の芸人も末流の芸人も出る。尻まくって、テケレッツのパーなんていうのがすごい人気です。

――えっ？　もう一度言って下さい。

山本　テケレッツのパー。それからさーいこどんどん、さーいこどんどん。そういうのは馬鹿にはされるが金になること今も昔も同じです。流行のもとは芝居と寄席です。寄席は東京中に百以上あった。映画館の代りだと思えば分ると前にも言いました。

歌は明治大正時代は艶歌といってバイオリンをひいて大道で歌って、あとで小冊子を売りつけた。ああ世は夢かまぼろしか、野口男三郎、デンニク切り事件です。

――デンニク？

山本　野口男三郎の恋女房の父は、当時おそれられた難病でした。その病は人間の肉を煎《せん》じて飲ませると治るという迷信がある。男三郎は子供の臀《しり》の肉を切って飲ませたという。当時の一大スキャンダルを歌にしたもの。

――どうしてそんなことご存じなんですか。

山本　僕は経験したことしか話さない、経験には直接経験したものと間接に経験したものとがあって、これは間接。明治十九年生れの母から聞いた歌です、話です。母親の子供時代は明治二十年代でしょう。江戸時代とたいして変らない。ことにわらべ歌やはやり歌は。だから僕は江戸時代を少しは経験している事になるんです。大黒さまという人は、一に俵をふんまえて二ににっこりと笑あらって　三にさかずきさしあげて（以下略）。お月さん幾つ　十三七つ　まだとしゃ若いね　あの子を産んでこの子を産んで　だーれにだかしょ　お万にだかしょ　お万どこ行った？

――私が知ってるのはかごめ、かごめ。

山本　テレビに出てくるのは通りゃんせ、ここはどこの細道じゃ。今のプロデューサーは四十、五十代で、このくらいしか知らない。お月さん幾つをしらない人ばっかりになってしまった。だから我々が失ったものははかり知れないんです。室町時代の小唄集「閑吟集」に人買船というのがある。〽人買舟は沖を漕《こ》ぐ、とても売らるる身じゃほどに、ゆるりと漕げや船頭どの――どこも難解なところはないでしょう。

――心打たれますね。

山本　くだって大正時代、「茶目子の一日」、「でこ坊や」みんな忘れられた。でこ坊やもう帰ると三時だよ。

――かわいー。でこ坊って何なんですか？

山本　男の子。女の子はでこ坊とは言わない。

――その位わかります。おでこのでこですか。

山本　凸凹のでこかな。でこ坊なんてのが出てくるから、明治ではない。大正も中頃以後でしょう。茶目子の一日も。

――茶目子！

山本　朝起きてから寝るまでが歌になってる。ごめん下さい花子さん、このごろお風邪がはやります——なんてのもあった。レコードになってる。べつに賛美歌があった。明治のむかし子供を集めて、それまで聞いたことのない音楽をきかせた。妙《たえ》なる音楽を聞かせキリスト教を布教するつもりでしたが、元亀《げんき》天正の昔とちがってこれは成功しませんでした。わずかにキリスト者《しゃ》内村鑑三が出たくらいでした。ただ西洋音楽の普及には役だちました。「庭の千草《ちぐさ》」も「蛍の光」もスコットランドやアイルランドの民謡に歌詞をあてはめたものです。さきに曲があって歌詞の翻訳はそれにあわせて不自然な日本語にならないようにしていまだに歌われるほどの名訳でした。訳者の名は残っていません。当時の翻訳者は皆もと漢学書生で漢詩をつくり歌をよみました。西洋のことばを美しい日本語にしたのはまず賛美歌でした、聖書でした。

岩にもたれた物凄い人は

——山本さん教会に通ったのですか。

山本　すこしは行ったことがあります。それは習慣でした。いたるところに教会があって、建物は畳敷の普通の家でした。昭和初年までそうでした。

初期の文部省唱歌は賛美歌の系統の曲を随分採用しています。教科書ですから、流行歌はいれられない。そのうちに明治二十、三十年になると日本人が音楽学校を出て西洋式の曲を作り始める。その始めは滝廉太郎でしょう。「荒城の月」はいまだに歌われています。あれが完全な西洋の作曲を学んだ歌の初めです。カチューシャかわいや、別れのつらさ。コロッケの歌は大正半ば、浅草でミュージカルを始めてからです。

——それは私も読んで知ってます。〽ワイフもらって嬉しかったが　いつも出てくるおかずが　コロッケ　コロッケ　今日もコロッケ　明日もコロッケ　これじゃ年がら年中コーロッケ。(声をそろえて)あははは　あははは　こりゃおかし。

山本　帝国劇場ができた時オペラを興行したくてローシーってイタリア人を呼んできた。ところが時期が早くて成功しない、ローシーは契約が切れても、自分の費用で弟子を育てる。それが原信子、藤原義江、大物は田谷力三《たやりきぞう》。ほんのわずか震災ぐらいまで、オペラの全盛時代があった。それは本物のオペラじゃない、オペラに似たもの。そのにせもののオペラが浅草で大当り。「天国と地獄」「リゴレット」一番受けたのが「カルメン」です。どうして知ってるかっていうと十八で死んだ僕の活動狂の兄貴、兄貴もオペラ時代は知らないんだけれど、主題歌は風の便りで知っている。「ディアボロの唄」〽岩にもたれた　物凄い人は……。

——凄いタイトル、それ歌なんですか。

山本　歌です。〽鉄砲片手にしかと抱いて(略)その名はディアボロ　ディアボロ。ディアボロって悪魔のことです。

はやり歌は御用聞きが、自転車でかけずりまわってはやらせます。御用聞きが覚えないような歌ははやりません。

それから童謡。明治以前の童謡ってものは子供のためにこしらえたものじゃない。だから難しい言葉が入っている。子供も勝手に直して歌う、〽日清談判破裂して 品川乗り出す東艦《あずまかん》って、これ日清戦争のときできた歌です。子供は意味は分らないからニチレッツランパン破裂して、と覚える。

それが大正時代になって童話童謡運動が起こる。子供に分ることばで、芸術的なものをこしらえる。大正七年まず鈴木三重吉の「赤い鳥」が出て大成功した。続いて斎藤佐次郎の「金の船」（大正11年より「金の星」と改題）千葉省三の「童話」以下が出て乱立して昭和初めには共倒れになった。

三重吉は漱石の弟子で名作「千鳥」「山彦」の作者ですから当時の一流の文士をみんな知っている、芥川、有島（武郎）、鏡花（泉）、そういう人に童話書いてもらったからはじめ三、四年はよく売れた。童謡は北原白秋、西条八十。作曲は中山晋平、山田耕筰、本居長世、成田為三、草川信、小松耕輔。

僕は「赤い鳥」の読者でした。創刊号は大正七年だから、僕は知るわけない。ところが上に姉や兄がいるでしょ。だからその前の十年やそこらのこと全部知ってるんです。文藝春秋の創刊号（大正12年）まで見てるんですから。

その頃の子供の雑誌は活字は5号、全体が百二十ページぐらいしかないから一日で読んじゃう。あと学校で友達と取換えっこする。

童話童謡の全盛時代です。例えば「からたちの花がさいたよ」は今でも歌われている。それから「待ちぼうけ」「ペチカ」。

―― 待ちぼうけとはお懐かしい。待ちぼうけ待ちぼうけ　ある日せっせと野良かせぎ。

山本　そこへ兎が飛んで出て　ころりころげた木の根っこ。ほら覚えてる。それは蓄音機の第一次の全盛時代と重なる。全部、当時売りだしの藤原義江が歌った。それで覚えた。ビクターとコロムビアは大手です。それからポリドール、これ今もある。その下にテイチクレコード、キングレコードなどがあった。「茶目子の一日」みたいな童謡はテイチクやキングが出して子供に売れた。親が買ってやる。SPだから安いものでも一円はする。赤版とか黒版とかいって、赤ラベルは高い。ポリドールはビクターに追いつけ追越せ、でもなかなか追いつけなかった。やっぱりビクターが一番、コロムビアは二の次。

はやり歌は自然発生的なもので今みたいになったのは昭和初年からです。中山晋平は流行歌の元祖みたいな人です。それが北原白秋の「カチューシャ」に曲をつける。一つは松井須磨子の人気です。「カチューシャ」の芝居が大当りに当る。その主題歌なんです。

―― 初耳です。

命短し恋せよ乙女

山本　白秋の時代は大正末年まで、以後流行歌はほとんど作っていません。西条八十、野口雨情の時代になります。

命短し恋せよ乙女、紅《あか》き唇あせぬ間に、これは吉井勇、その詩に中山晋平が曲をつけたら大流行したんです。吉井勇は当時与謝野晶子と並ぶ一流独自の歌人で、谷崎潤一郎と仲良しでした。明治大正のはやり歌は専門に歌詞を作る人はいなかった。それは歌詠みであり、詩人でした。白秋や吉井勇の詩に作曲家が感動して、それに曲をつけた。「荒城の月」もそうです。あれは土井晩翠。知ってるでしょ名前くらい。

——（無言）

山本　土井晩翠は藤村（島崎）と同時代の詩人。ながく仙台の二高（旧制）の教授でした。この人が春高楼の花の宴って詩を作った。滝廉太郎が読んで、曲をつけた。詩が先にあって、曲が続く。これが本来の形です。

〽今度うまれたらさかだる背負《しょ》っておいで　酒はよい物たらふく飲んで　そこでまたまた卒倒して死んで　可愛い女子を置きざりに、これ北原白秋です。どうしてこんな大正初年の歌を僕が覚えてるかっていうと、思い出があります。二十二のとき自活しなければならなくなって職を転々とした。

昭和十五年ごろでした。満洲国ができて何年か経った頃で、皆寄ってたかって満洲国を食い物にする。その中のひとりが右翼の大立者でこれが「開拓画報」って雑誌を出してたんです。満洲国から金取るためです。満洲国っていうのは当時日本みたいなものだから、まず予算をぶんどる、それには名目上何かしなくちゃならない。色んなことしたんだろうが、その一つの

「開拓画報」の編集長が大賀知周さんって、もう五十くらいの人です。大賀さんは共同通信、そのころ同盟通信っていってた、その同盟をしくじった人で元部長です。名のある歌詠みだとあとで知ったがその時は知らなかった。影山正治《まさはる》という歌人で右翼だといわれた人の雑誌に発表していたから右翼だと思われていたが、なにリベラルな人で、ただ時世時節《ときよじせつ》です。同盟通信は一流中の一流です。戦場に各新聞社から特派員を出すのは不経済だからまとめて通信社に頼めばいいって出来た通信社です。だから契約したあらゆる所へ記事を送る。地方新聞は、そこへ金さえ払ってれば、ヨーロッパの記事も何もかもそこから来る。

仮にも元同盟の部長がやる仕事じゃない。だから向こうもやらせる気はない。あなたが編集長で、一人雇って、実務は全部それにやらせればいい、「朝日グラフ」みたいなグラフ雑誌を作ってくれ。向こうに本職のカメラマンがいて写真はしこたま送ってくる、それを選んでキャプションを書かせればいい。仕事は一日に三時間もない。用がないから僕は帰っちゃう、どっかへ行っちゃう。今でもそのビル銀座に残ってます。

それで大賀さんは困るんですよ。あの人（って僕のこと）来たかと思うと、すぐ帰っちゃう。僕に言わせりゃ仕事はちゃんとして、雑誌は着々と出てる。大賀さんは何とか言えって言われてる。形ばかりでも編集長で給金貰ってる。それで言い兼ねてるんです。それは分ってる。いい事してる訳じゃないんだから、そしてある宵、ひと口どうと誘われて、ははあと思ったが何も言わない、二軒目になってまだ言わない。三軒目になってまだ言えない。お酒の好きな人で、いいお酒です。段々機嫌がよくなってそれで歌ったんです。今度生まれるなら　酒だるしょってておいで酒はよいものたらふく飲んで　可愛い女子を置きざりに。

——いい歌ですね。

山本　それを何時までも歌っている。そのひと貧乏なんです。いくところは皆おでん屋みたいなところです。その酒場、忘れもしない大森です、だんだん自分の家に近づいてくる。つけが利くところっていうとそうなる。カウンターの中にいる女がね、いい年増《としま》で助平な話をする。お客が喜ぶと思ってるんだけど、若い男はそういうの聞きたがらない、ことに女の口から聞くのは嫌なんだよ。大賀さんはそれをやめさせようとする。俺の客だからお前は黙ってろって、言いたいんですよ。

——でも言えない。

山本　それがねおかしくってしょうがない。そのうちにね段々酩酊してきて。今日は家へ泊まっていかないかって。おれにはそんな話はできないと、あきらめちゃったんだろう、大賀さんは歌詠みで僕の書いたものを買ってたんでしょう。するだけのことはして、あとはさっさと帰ってもいいんだけどそうはいかないのが浮世だ、何とかごまかしてくれ、うまくやってくれって言いたい。でもうまくやれってどうやるのか。

——それで家に泊まったんですか。

山本　長屋じゃないけど、一軒家にも上中並があって並にもまたいろいろある。そこに年頃の娘がいる。細君がかねがね子供に亭主の悪口をいってるのが、手にとるように分る。昔からそういう細君がいます。同盟は一流会社です。それをなぜ辞めた。お父さんの甲斐性なし、そういう事を年中子供にいう。だから娘が父親をその目で見る。昔の女はそういう事しないと思ってるけどウソだよ。

――昔からいたんですか。

山本 あたりまえですよ。大賀さんは僕を娘に会わせたがってるが、娘の方はお父さんの知りあいなんか歯牙《しが》にもかけない。

――どうせろくな人じゃない(笑)。

山本 そりゃそうだよ。大賀さんっていいひとだな、これじゃ編集長は勤まりませんよ。

――綺麗でした? そのひと。

山本 まあ十人並み、若けりゃみんな綺麗ですよ。

――山本さんとそのお嬢さんは。

山本 そんな事あるわけないだろ。一言二言口きけばすぐ分る。その会社まもなくやめたけど大賀さんには悪いことをしたと思っている。

戦後銀座でちらと見かけたことがある。昭和二十六年ごろ。口はきかなかったけど大賀さん健在なんだなと思った。この事を昭和五十年ころ書いた。実名をあげないで。そしたらあれ大賀さんでしょうって手紙をくれた未知の人が二、三にとどまらなかった。大賀さんは右翼の世話になってたけども、右翼ではない、それからいかにいい人であったか、手紙には縷々《るる》書いてあった。もうその時は死んでいる。それなのに書かずにいられないってのはその人の徳です。でも大賀さんの若い時を知ってる人はもうあらわれませんでした。

・・・オリンピックそのほか・・・

――今日のテーマはサッカーでしたね。

山本　サッカーだけじゃない、できれば戦前のスポーツ全体、オリンピックに及びたい。

――山本さんは若い時サッカーの選手だったって聞いたことがあります。

山本　えーッ、そりゃ僕の年二つ上の兄山本春樹の間違いだ、早稲田のラグビー部のレギュラーでした。こないだうちのW杯サッカーの大騒ぎ、見た？

――見ましたよ。日本の出た試合、全部。

山本　じゃルール知ってるの？

――よく知りません。

山本　僕も見た、では今回のサッカーを中心に戦前のスポーツの話をしましょう。ただし僕が直接間接に経験したスポーツだけですよ。

――うかがいましょう。

人あるところに必ずスポーツあり

山本　すこしながくなる、明治百年のスポーツ早分りだから。明治の昔スポーツは学生から流行《はや》りだしました。はじめボート。次いで野球。それからサッカー、ラグビーはすこし遅れます。アメリカンフットボールはもっとあと。

〽春は春は桜咲く向島　オール持つ手に花が散る花が散る　という歌が残っています。むろん母からの聞きおぼえです。バスケットボールとバレーボールはインドアスポーツで雨の日のものでした。バレーは女学生用で男はしなかったようです。テニスは格別、やや上流でした。女子のスポーツは男子より二十年くらい遅れて……。

——人見絹枝、御子柴《みこしば》初子たちが出た大正末年からだと以前うかがいました。明治の前はスポーツはなかったのですか。

山本　人あるところ必ずスポーツあり、ただし武士道とつながっていました。

——剣道ですか。

山本　撃剣（剣術）、柔術、馬術、弓術、水練。文武《ぶんぶ》両道といって文事あるものは必ず武備ありと親は子に教えました。勉強ばかりして学問だけの子は、あれは「動く本箱だよ」といわれた。いい言葉だろ。やっぱり侍なんだから剣術が、馬術が、水練ができなくちゃならない。

——古式泳法ですか。

山本　水府流、観海流、神伝流などいろいろあったが忘れた。それは昭和になってもあったが、オリンピックで大成功して以来西洋の泳法になってわが泳法はすたりました。ギリシャのオリンピックだってあれはかけっこがはじまりです。マラソンが主です。戦車の競走まであった。水泳は、近代オリンピックになってからです。オリンピックははじめは競技種目は少なかったんです。それはポリスを守るためのものだったんです。近代オリンピックを始めたのは……。

――クーベルタン。

山本　よく知ってるね。

――私、予習してきたんですよ。沢木耕太郎の「オリンピア」を読んで。

山本　えらいっ。いつ、何のために。

――今日に備えて。山本さんをぎゃふんといわせるためです。

山本　あれは紀元前から始めて十世紀あまり続いた。だんだん衰えたのはギリシャの神々に捧げたものですからキリスト教が有力になって押されて終りました。今のオリンピックだって近く終ります。

――えっ、益々盛んじゃありませんか。

山本　始めあるものは必ず終りあり。クーベルタンの時はいくら誘っても参加する国が少なかったから参加してくれ、参加することに意義があると説いたんですよ。次第に参加国がふえたら、勝つことに意義があることになりました、当り前です。
それからアマチュア精神に徹すること、政治に関与しないことがオリンピック憲章でした。今その約束のことごとくは破られました。サマランチになってからです。あれはスポーツ屋、スポーツ興行師です。その前に一九三六年ナチス主催の昭和十一年のベルリンオリンピック。あの時ヒトラーはあれを政治に利用しました。戦後は共産圏。共産圏は選手にご褒美として年金を出しました。体操選手のコマネチなんてまるで子供でした。大きくならない注射をしたんだそうです。

——でもアメリカに亡命して太りました。

山本　よかったね。注射が切れたんだろう。ただの叔母さんになっちゃった。そのうちお婆さんになる。

——それは自然です。

山本　でもよくまあ自然にかえったね。あんなに小さかったのに。政治的に利用しないのは日本ぐらいでしょう。僕は昔「金《きん》でなければメダルじゃない」っていうコラムを書いたことがある。銅なんかもらって凱旋将軍みたいに熱烈歓迎されるなんて恥ずかしい。金でなきゃメダルじゃないよ、昭和三十九年「東京オリンピック」のマラソンで圓谷《つぶらや》幸吉はエチオピアのアベベに遥かに及ばずゴール寸前でせりあった英国選手にも追いぬかれ三等に終った。四十三年一月九日圓谷はプレッシャーに耐えかね次回オリンピックを控え頸動脈を切って自殺した。

「父上様、母上様三日とろろ美味しうございました。干柿、もちも美味しうございました。おすし美味しうございました。姉上様ブドウ酒リンゴ美味しうございました。いつも洗濯ありがとうございました。（略）幸吉はもうすっかり疲れ切ってしまって走れません。（略）幸吉は父母上様の側で暮しとうございました」

万感こもごも至って先立つ不孝をお許し下さいという紋切形も書けず、ただただ美味しうございました以外の言葉もなく死んだのは哀れでした。

あれは温泉宿でやるものだろ

――今山本さんはプールに通っていますよね。その時は古式泳法ですか。

山本　いえ、リハビリテーションみたいなものです。でもこの間の背中の痛みは一日で治った。ほかに心当りはないから水中リハビリのせいだと思っている。

――奇跡的でしたか。

山本　そうです。僕の兄貴はラグビーの選手だったことは前に言ったね。早慶明が互角《ごかく》だったのは昭和九年十年十一年までかな。丸三年選手だった。早稲田の全盛時代で、明治も全盛時代だった。明治と早稲田が一位を争って勝った方がオーストラリアだかカナダに遠征できると当人は楽しみにしていたが、行った記憶がない。早稲田にその人ありといわれた花形は野上（一郎）、柯《か》（子彰、台湾生）、荒賀、山本春樹だったころです。明治のスター選手は笠原恒彦《つねひこ》、ほかの選手は忘れたが笠原だけおぼえているのは卒業と同時に日活に入社、スポーツ映画のスターになったからです。日活は他社にさきがけてスポーツ映画を作って笠原を売出そうとした。三つ四つ主演映画をつくって当時のスター女優黒田記代と結婚して話題になったが、映画はラグビーのようには振わず、離婚して以後消息をきかない。

オリンピックの選手で名が残っているのは第五回ストックホルム大会で日本の初参加選手、マラソンの金栗四《し》三《ぞう》（明治24生）。次いで第九回（昭和3年）織田幹雄が三段跳で、水泳では鶴田義行が二〇〇米平泳で金メダル、人見絹枝が八〇〇米第2位にはいった。日本選手の優勝はこれが初めて、次の第十回昭和七年（１９３２年）には水泳と三段跳と馬術の七種目で金メダルを得た。ことに水泳では一〇〇米背泳で一、二、三位、一〇〇米、一五〇〇米自由形と二〇〇米平泳ではそれぞれ一、二位に入賞した。馬術の金メダル男爵西竹一は昭和十九年硫黄島で戦死している。アメリカ軍は西の名を知っていて「バロン西、出てこい、出てきてくれ」と呼びかけたと伝えられます。西を惜しんで降服をすすめましたが西が出て行くはずがない。

水泳選手はいずれも数え十六、七の中学生だったので世間は驚倒しました。新聞は例によって水泳王国日本が来年も再来年も続くように書いて後続の選手にプレッシャーをかけました。二度とないことなのにあるように思ったんです。陸上では百メートル競走で吉岡隆徳選手が6位に入った。

――その人の名前知ってますよ。「曙の超特急」っていわれた人ですよね。

山本　曙じゃない、暁《あかつき》だよ。

――ちょっと知ったかぶりをしたらこのていたらく。暁だったんですか。

山本　この人はついこの間まで生きていた。オリンピックのもと選手たちはのちにオリンピックの委員になって、それで食べるようになる。一生涯ね。その次が第十一回昭和十一年のベルリン大会です。すでにナチスの天下です。ナチスは国威を発揚しました。ただし種目というものは次第にふえます。ピンポンはまだですか。まだならいいがあれを種目のなかにいれちゃいけない。

――もうはいってます。私たちの卓球を馬鹿にするんですか。あれ運動量多いんですよ。テニスよりもスピードが必要なんです。

山本　そうかい。あれ温泉宿でやるもんだろ。

――それをいわれると弱い。スリッパ履いてやってますね。

山本　浴衣着て帯しろはだかで、だらしがないよ。テニスはスマートですよ。伊達公子。ピンポンをいれると玉突きもはいりたがる。

――あれスポーツですか？

山本　ピンポンがはいるんだったら玉突きもはいると思いますね。

――玉突きってのは筋力と関係があるんですか？

山本　それはたいしてないね、ただあれは歴史は古いでしょ。フランス革命は有名な玉突きの場から始まる。

――あれは不良のするものだと思ってました。山本さんはうまいんじゃないでしょうか。

山本 玉突きは学生と老人のものでした。

――老人はゲートボールじゃないんですか。

山本 ゲートボールは戦後です。昔の老人は定年退職すると半分は死んじゃった。あとの半分は生きててもすることがない、金がかからないで遊べるところは碁会所《ごかいしょ》。

――ああ岡田さん（「室内」副編集長）が行ってる。

山本 あそこは金がかからない。一日遊んでいて席料五十銭かそこららしい。老人の遊び場だったんですよ。それから玉突き。学校サボった大学生と老人の遊び場だった。「ゲーム取り」の娘がいて黄色い声をはりあげていた。どんな町にもあった。それが昭和四、五年の大不況時代とつぜん麻雀がはやりだして失業者が麻雀クラブを開業したり、客になったりしてそれが全盛時代。麻雀時代は戦後までつづきました。

――若い人は麻雀しませんよ。

山本 今また不景気だから盛り返してるようです。何より金がかからない。賭《か》麻雀で賭けたってたかがしれてる。一九三〇年代麻雀は世界的にはやった。パリに行ったらここでもはやっていた。麻雀っていわない、マジョンっていってた。

――じゃあ山本さんの麻雀はフランス仕込みですか。

山本　いやその直前。なすこともなく半年くらい毎日麻雀打ってたことがあります。それきり二度としません、うわの空でしたからやりたくもありません。あれもこれも死ぬまでのヒマつぶしでした。

「何してんだい？」「球のとりっこだよ」

——麻雀はまだ続いていますが、玉突きはどうなりましたか。

山本　ほとんど滅びました。僕は一九三〇年ごろパリで玉突き日本一の代表選手松山とかいう人と会っています。日本人は玉突きがうまいが新聞が書きたてないから忘れられてしまった。スポーツ全盛にあずかって力があったのは新聞とラジオです。サッカーもラグビーも新聞は大きく扱わなかったから、あれは学校内のスポーツでした。昭和戦前までサッカーはラグビーと区別するために「ア式蹴球」ラグビーは「ラ式蹴球」と新聞は書いていました。正式にはフットボールなんとかアソシエーションって名前なんです。僕たちはサッカーの事をただ蹴球って言ってた。ラグビーのことはラ式なんて書くのは新聞だけです。つまり蹴球は当時ア式だけだったんです。僕の兄貴はハーフでした。

——山本さんのお兄さんなのにどうして混血なんですか。

山本　ハーフバックのことです。試合は秩父宮《ちちぶのみや》ラグビー場であった。神宮球場のそばでした。ラグビーの見物は大体義理でした。兄弟だとかその友だとか応援団だとか、とくに新聞に出ないから人気は出ないんです。見物人は三百人もいたかなあ。僕は何を見ていたかというと選手を見ていた、見物人を見ていた。試合終って両軍別れの挨拶をかわす、それこそ夕闇せまっている。

ラガーらのそのかちうたの短けれ　白虹

ぼんやりそんなことを見ていた。わが家の母親なんかも全く関心がない。お世辞に「ラグビーって何してんだい」「球のとりっこだよ」

——優勝すればオーストラリアまたはカナダに遠征に行けたんです。行けなかったんですか。

山本　早慶より早明の方が本命で、実力は五分と五分だったのに明治には勝てなかったようです。昭和十年当時の明治の監督は北島忠治です。北島忠治はこの間まで生きて五十年以上も監督してた勘定になる。秩父宮ラグビー場は明治神宮球場のすぐそば、だからラグビーの試合が終ってても野球の方はまだ七回ぐらい、そうするとね番人が見てらっしゃいって入れてくれるんです。

——タダでですか。

山本　むろんだよ。もう七回なかばですからね。だから野球を見て帰った。

――そろそろサッカーに戻りましょう。

山本　この間のサッカーの場合、あれだけシュートして入らないのあれどうかしてるんじゃないの。

――やっぱり下手なんですよ。

山本　出る資格がないんだよ。だけど、互角じゃないが最後は攻めてたね。

――でも負けました。

山本　負けたってあんた、なん点も入れられたわけじゃない。

――山本さんがいかに熱心に見ていたかよくわかりました。声援しながら見るんですか。

山本　そんなことしません。

――またまた格好つけて。ボールの代りにテレビを蹴ってたって、もっぱらの噂ですよ。それより山本さんのうちはテレビが映らないんじゃないんでしたっけ。

山本　僕は人間の見物人です。人間見てるんですよ。だからねあの中で一人だけ笑っているのがいた。皆緊張してまなじりを決しているなかに一人にこにこしてるのがいる。これは珍しいって注目してたの。ところが二、三日たって髪床に行ったんです。すると床屋で評判が悪いんですよ、あの若者のことを悪く言ってる。床屋の親父が他の客に大事な試合中なのにニヤニヤしてるって。僕はさっきにこにこっていったでしょう、そういうとりかたがあって、それが大半なんだなって分ったんです。またガムをかんでるのは不謹慎だって、シュートしたときに高々と蹴あげてそれが外れたときに笑った、これがいちばんよくないと言っていた。その評判が床屋だけのものじゃないと思えた。というのは新聞なんかにもそういう評判が出てた。そのせいか帰国したとき水ぶっかけられた。

――城《じょう》はそれでも笑ってました。

山本　ゴールの失敗を笑ったのは発車寸前の電車に駆けつけてドアが閉まったときに日本人はたいてい笑うでしょう。

照れ笑い。

山本　あれじゃないかと思った。ガッツポーズっていうのは、戦後のものなんです。これが戦前と戦後の大きな違いですよ、勝った方が負けたものの前で狂喜乱舞するってことはね武士道と関係があって、わがスポーツマンはしなかった。そう試合半ばで大袈裟に喜んだりなんかするのを慎む風がある。勝負は時の運だよ。すれすれなんだからそういうことはしなかった、昭和三十年代になってもしなかった、ガッツポーズはそれ以後の事だと思います。またプレッシャーっていうものは新聞が悪いんだけどね、優勝も可能だなんて途方もない事を書く。そうするとね、読者で本気にするのがいる。

――まさか。

山本　そういうプレッシャーは笑うよりほかない、血相かえたその血相を中和するために笑えと彼に頼んだって何かで読んだ。皆こちんこちんになってる、お前何時もにこにこしてるじゃないかそれやってくれ、そのせいだというような事を読んだ。だれでもできることじゃない。だけどシュートしてそれが天高くとぶばかり、ひとつくらいはいっていいところでした。日本のゴールキーパーばっかり鮮やかだったでしょう。よく防いでたよね、ほんとはもっといれられるところだったのに。あれは褒めてあった。だけどゴールキーパーが一番活躍したなんていう試合はよくないよ。

―― 押されてるって事ですよね。

山本 負けたからってみんな圓谷幸吉みたいになっちゃいけない。たかがスポーツ、だけどスポーツくらいの気持でどうだろう。ベースボールを野球と訳したのは正岡子規だそうです。明治二十年代でした。子規は野球大好き人間でした。

―― 子規は伊予（愛媛県）松山の人ですよ。

山本 第一回全国中等学校野球大会は大正四年にはじまりました。全国から七十何校集まったそうですから野球の普及ぶりが分ります。小学校ではキックボールっていうのをやってました。

―― 私たちはキックベースボールっていってました。ただボールをピッチャーが本塁にころがしバッターが足で蹴るんです。あとは野球のルールと同じです。

山本 そうかい、まだ残ってるんだね。ただし小学生だけのものなんだろ。野球をやったらもう面白くないから。女子だけに残ったんだな。

――空振りする人はあんまりいなかったと思います。

山本 だからつまんないんだよ。ただこのキックボールで野球のルールを全部覚えた。サッカーは四年生くらいから。ラグビーの登場は昭和になってから。アメリカンフットボールはさらにあと。この順番です。

――ラグビー部のない学校はいまだにありますよ。

山本 野球部のない学校はない。甲子園の中等学校大会っていうのは今の高校野球です。平安中学、松山商業、中京商業、和歌山中学など戦前の野球の名門校はいまだに名門校です。それで僕たちは全国各地の中等学校の名をおぼえた。まず農業学校、工業学校の名を、また蚕糸《さんし》学校の存在も初めて知りました。諏訪《すわ》蚕糸や嘉義農林の名をおぼえたのは勝ち進んで決勝戦まで出たからです。

――蚕糸ってかいこから糸をとるあの蚕糸ですか。そんな学校があったんですか。絹が輸出の目玉だったたからですね。

龍虎相うって勝敗いまだ決せず

山本 嘉義はもとはといえば台湾の原住民だからね。早稲田のラグビーのスリークォーターバック柯《か》（子彰）という選手は台湾人でした。当時は台湾がスポーツを楽しめるようになっていたことがこれで分る。台湾の原住民だから足は速い、韋駄天《いだてん》だと見物は納得しました。そのうち全国の商業学校が皆出場するようになった。商業学校は大学につながらない。完結しているから心ゆくまで野球ができた。海草《かいそう》中学なんていうのも名門校だった。

――フシギな名前。

山本 中京商業のごときは昭和六、七、八の三年連続優勝してます。ただ東京は甲子園の中等野球には冷淡でした。東京代表は早稲田実業と慶応商工にきまっていたからです。いまも言った通り実業、商業、工業中学は大学につながらない、一段低い、だから野球が強い。それと共に東京勢は一度も優勝したことがないから応援しがいがないというわけで冷たかった。六大学リーグ戦、ことに早慶戦に熱中した。中学野球に大騒ぎするようになったのはラジオが全国的に放送しだしてからです。松内則三《のりぞう》の名調子に聞きほれて熱中するようになった。

――どんな名調子ですか、聞かせて下さい。

山本 今はNHKですけれども当時はJOAKていった、ここに松内則三《のりぞう》ってアナウンサーがいて、名調子で一世を風靡《ふうび》した、明治生れですから、今とまるで違う説明なんです。「活弁」の話、いつかしたでしょう、ま、あんな調子でした。「神宮球場すでに宵やみは迫っております。ねぐらに急ぐカラスが二羽三羽」。

――感じが出てますね。

山本 二羽三羽啞々《ああ》と鳴いて球場を横切っています。薄暮《はくぼ》蒼然《そうぜん》として、人また騒然たりっていう調子なんです。それで大層な人気でレコードにもなりました、売れるんです、それが。

——そのレコード聞きましたか。

山本 龍虎相《りゅうこあい》うって勝敗いまだ決せず、延長戦にはいってすでに五回、薄暮蒼然として人また騒然たり、っていう十八番、それが何度でも聞きたいんです。

——さよならさよならさよならっていうのと似たようなものですね。

山本 小学生まで手に汗にぎって聞いてる。漢語だくさんで分るわけない、けれども漢語にはフシギな力があって、活弁も講談も難しい漢語をいっぱい使ってる、リズムがあれば分るのです。松内のあとは河西三省《かさいさんせい》っていうアナウンサーです。昭和十一年ベルリンオリンピック、松内とは時代が違ってます。美辞麗句なし。もっぱら臨場感を出し絶叫一点ばり。「前畑危ない前畑危ない、ゲネンゲル追いすがっています、前畑頑張れ前畑頑張れ」って、レース中「頑張れ」二十三回連発したそうです。以来私はこの「頑張れ」が大嫌いになった。

——どうしてそんなにきらいなんです。

山本 がんばれが一世を風靡すると、他の言葉が全部滅びること「トイレ」を例に何度も言った、まだ分りませんか。

——私は分ってます。読者が怪しむといけませんから、読者になり代ってうかがったのです。

山本 そうでしたか、失礼しました(笑)。

トイレが全盛をきわめると、はばかり、せっちん、ご不浄、手水場《ちょうずば》、便所のたぐいまで全滅するからです。新婚旅行に行く二人を送って「がんばれ」と言うようになる。

野球は歌舞伎に似ている

――野球の全盛はラジオのおかげだったんですね。

山本 野球は見るものです。野球のルール知らないひとはない。二死満塁から生じるドラマ、ひいふうみい四《よ》つ位しかない。フォアボール出して、押しだしにするか、三振に打ちとるか、ヒットを放って一点はいるか、ホームラン打って選手を一掃するか。どんな愚か者でもこれから起るドラマは全部分る。分らない人はない、この事よく書いといて下さい。アナウンサーが今でも言うでしょう。

――ピッチャー振りかぶってモーション。

山本 野球は歌舞伎に似ている。一々大見得《おおみえ》を切る。客は一挙手一投足を見守って楽しめる。ほかの役者は動かない。見物は頭をフル回転させる。サッカーにもラグビーにもそれがない。選手の動きは千変万化するんで目がはなせない。

――私もちょっとトイレ、いえ、はばかりに行っている間に一点はいってました。

山本 サッカーやラグビーは見るよりやるものです。僕がむかし見たのは義理でした。見てはいても分ってはいないんです。どうしてあれがオフサイドなのか聞いてもみない。アナウンサーはルールの説明を一切しない。見てる客は知ってる人だと思ってる。

――ルールも知らないでフランスまで応援に行くんですか？

山本　半分はそうでしょう。昭和三十九年東京オリンピックのバレーボールの選手「東洋の魔女」を思いだします。バレーボールは第一目的が分らない。バスケットボールは分る、球を入れればいい。ラグビーのボールは細長い、サッカーのボールは丸い。これも見りゃ分ります。サッカーはゴールに蹴こめばいい、ラグビーはボールを地べたへつければいい。サッカーは一点、ラグビーは一挙五点、これからさきがもう分らない。スローインが分らない、オフサイドが分らない。およそスポーツの見物は贔屓《ひいき》がなければ面白くない。そもそも僕には贔屓がない。野球のルールは説明なしでも分る。サッカーやラグビーは説明してくれなければ分らない。

これでも僕は中学生のときにスカウトされかけたんですよ。それとなく上級生が見にきた。こっちはただ遊んでたんだけど、筋がいいからって下見にきた、僕の学校はサッカーの名門校でした。ぼくなんか見てどうするのか。まぐれかどうかは僕には分っている。

――それでどうなりました。

山本　どうもならないよ。だけど見られてるのは分る。シュートの球の勢いとか、力を見てるんです、ひとわたりみて脈がないから行っちゃった。

――惜しかったですね。スカウトされていたら日本サッカー協会理事くらいになっていたかもしれませんよ。今回フランスに行けたかもしれない。

山本　府立五中はそれほどの人材不足じゃなかった。それに僕はダメの人だよ、目はうつろだぜ、何となく気配で分ったんだろう。

さて東京オリンピックでは体操でメダルの大半をとっちゃった、あれは思いがけないことでした。体操にはプレッシャーがなかったのかな。体操、レスリング、それからバレーボール。バレーボールの選手はキャプテンの河西昌枝以下背高のっぽばっかりだった。のっぽといえば日本人は戦後二度のっぽになった。三十年前女は結婚相手の男は一メートル七十センチ以上で白いワイシャツが似合うひとなんて言っていた。ところがいつか一メートル七十センチ以上を言わなくなった。男は全部七十センチ以上になったからです。

―― そんなことはないですよ。

山本 プロ野球の選手を見よ。適齢期の男の過半はそうなった。その代りに女も六十センチになった。六十センチの女は高いほうだったんです、当時はね。ところがどういう風の吹き回しか、この五、六年七十センチ以上になっちゃった。同一世代のなかで二度もこんなに背高のっぽになるのは世界的にないことだそうです。ただし胸囲がない。

―― 山本さんそんなとこ見てるんですか、胸があるかどうか。

山本 あたり前です。東洋の魔女の高いのは胴が長いんです。こんど高いのは脚が長いんです。日本人の体格は激変しました。ついでながら東洋の魔女は試合中仲間《なかま》のファインプレイにそのつどガッツポーズをしました。勝敗がきまったときにするのはまだしもプレイ中にするのはこれが初めてです。見苦しい、監督は大松博文でした。「おれについてこい」と言った人だと聞きました。その監督が参議院議員かなんかになったんですよ（今は故人）。

――山本さんもおれについてこいって言って「室内」をこれだけにした。

山本　断じておれはそんなこと言わないよ。大松の本はベストセラーになった。今は一冊百円でも買い手がない。ベストセラーなら買うに及ばないと僕が言うゆえんです。東京オリンピックで日本勢は一番の大敵ソ連にストレートで勝った。四時間かかった。サッカーは九十分です。バレーボールっていうのは何時間かかるかわからない、片唾《かたず》をのんで四時間見ていて、何一つ分らないっていうのは僕は前代未聞《みもん》だと思った。アナウンサーは、あれだけ喋って肝心なことは何一つ言わない。回転レシーブというのはでんぐり返しすることとは分っても何のためか分らない。ラグビーでもそうです。サッカーは手を使うことを禁じられている、手を使うことができないからヘディングする、そうすると私の女房はね、かわいそうだって言う。頭にぶつけられてかわいそうだって、そういう人が見てるんです。

――それいつの話ですか。

山本　二十年前の話。当時からいまだに元日と二日の朝は蹴球の放送をした。二十年前だってヘディング知らないで見てるんだからね、手をつかっちゃいけないから、頭ではね飛ばすんだよ。それがゴールに入ったりすることがある。サッカーで手を使うことが許されているのはゴールキーパーだけ、あとは脚だけ。タックルすることも禁じられてる。そういう事を説明する義務があるんですよ。あれだけ喋ってるんだから。サッカーは手は使えないが、ラグビーは使える。ただし自分の前にいる仲間にパスすることは禁じられている。自分の後ろにいる仲間にパスする。後ろへ後ろへパスをして進んでいくというのは理解できない。後ろへ一列になって進むのを雁行《がんこう》するっていう。雁は斜めになって飛ぶ。それで後ろへパスする。後ろへパスしても全体が一列になって進んでいく。分った？　そういうことが可能です。おい何とか言えよ。

――ええわかりますよ。なんとなく。

山本　つまり雁のように斜めになってるんですよ。いま丁度その一列になったところです、これですこれですと指さして言えば、なあんだと会得《えとく》する。ところがＮＨＫは教育放送でルールを説明した。教育放送でまるごと説明したってそれはあなた講義ですよ、だれがそんなもの見るものですか。試合中指さしてこれですこれですと言えばいいんです。

中学は甲子園、大学は六大学、戦前は野球の時代でした。さっき松内則三について言いながら飛田穂洲《すいしゅう》の事を言い忘れた。飛田穂洲、稲の穂っていうから早稲田出身でしょう、この人は甲子園の野球の育ての親です。この人が甲子園の野球少年を純真無垢なものにした。アマチュアリズムに徹して死ぬまでプロ野球を認めなかった人です。それで昭和三十年代まで高校野球のたびに、長いながい二日だか三日連載の記事で批評しました。

――朝日新聞の人なんですか。

山本　朝日は大昔に定年でやめてるんです。けれど生みの親、育ての親ですから書いてもらったのでしょう。はじめこの野球大会は朝日新聞主催だから毎日新聞は書かなかった、読売新聞も書かなかった。そうすると毎日と読売の読者にはこの大会は存在しなかった。反対に毎日や読売主催のイベントは朝日は載せません。いまでもそうです。毎日主催の「日本マニュアル大賞」は朝日は書かないから存在しないのです。

ところがラジオ放送がはじまったら全国的になっちゃった。北海道から台湾の嘉義農林まで大騒ぎになったので渋々扱っているうち戦後熱狂的になって、朝日が好個の「拡材」に使って毎日と読売の一人当り何百何千円の拡材を凌《しの》ぐので、負けずに大々的に扱って読者に毎日読売の主催みたいに思わせた。昨今は地方の予選の予選まで書いています。新聞は部数をふやすためにはどんなことでもします。

マスコミとお客はぐるです

――商業主義の権化《ごんげ》ですね。

山本　権化なら権化の自覚を持て。きれいな口をきくな。飛田穂洲はきれいな口をきいたまま死にました。高野連がきれいごとばっかり言うのは穂洲のまねです。人と金が集まればどんなものでも必ず腐敗します。出場校の野球部員でない生徒が喧嘩しただけで出場を停止させます。それを知ってライバル校は高野連に密告します。大会がはじまる前しばらく密告合戦がありました。大会がはじまってしまえばぴたりと沈黙します。

いま世をあげてポルノ時代です。高校生だけが無垢でいられる道理がありません。選手は一流ホテルに泊っています。暮夜《ぼや》ひそかにファンの女子高生が訪ねてきて矢庭にSEXに及んだとします。この時ライバル校は高野連に訴えません、高野連も取上げません、取上げたら試合中断、組合せを改めなければなりません。見物も穂洲に従って純真無垢にしておきたいのですから不問に付します、三者はぐるです。

昭和九年ベーブルースが来日、続いてメジャーリーグも来ました。模範試合をして見せました。そのとき日本の選手は、沢村とか三原とかは仰天してね、これがプロ野球ができる糸口になるんです。プロ野球の全盛時代は戦後で、読売巨人軍がしばらく常勝将軍でしたが今はそうでなくなりました。六大学リーグ戦は次第に色あせてきました。

勝負にこだわるのは日本人だけだなんてよく言うがどうかな。東洋の魔女にソ連が負けたらそのときはポーカーフェイスしていた。自分の部屋に帰ったら凄い声がきこえる、さながら動物が咆《ほ》えてるんだって。

皆がいっせいに泣いてるんですよ。ソ連はオリンピックの前に一度負けてます。今度こそ勝たなければというプレッシャーは大変なものだったでしょう。

だからオリンピックはもう終りです。ものにはみな寿命があります。

――何でも終らせちゃうんだから。

山本 終りにもう一つ、昭和七年のオリンピックの時僕はパリにいた。フィガロっていう一流新聞でタリスというフランスの水泳選手が入賞した記事を見ました。日本の一流新聞の狂態にくらべて、記事があまりに小さいのに注目しました。そのとき僕は分ったのです。スポーツはこの程度に扱うべきものなんだなって。スポーツは人間全体のなかの一部です。甲子園の野球の入場式を新聞の第一面に出すなんてついこの間まではしなかったことです。今でも女優のスキャンダルは出しません。クォリティペーパーを自認するならスキャンダルを追っちゃいけない。部数を増やしたい一心であゝいうことになった、いよいよなるでしょう。

――日本の新聞はクォリティペーパーじゃないっておっしゃりたいんですか。

山本 そうだよ。わが新聞だって昔は醜聞は取上げなかった、今は部数のためなら何でもします。ダイアナ妃の醜聞は王室のそれですから勇んでのせました。何人圓谷幸吉が出てもプレッシャーをかけることはやめないでしょう。死んだらそれをまた大記事にするでしょう、お客は争って読むでしょう。それならマスコミとお客はぐるです。やっぱり滅びた方がいいのです。

――別に一案があると仰有《おっしゃ》っていたじゃありませんか。

山本 ああ「子供オリンピック」のことかい。大人オリンピックをやめて、世界中のがんぜない子供だけのオリンピックに改める。見物人は世界中の親たち。弁当持参で見にいく。これなら参加することに意味がある、アマチュアに限る、政治は介入しない。クーベルタンのオリンピック憲章ここによみがえる。

――めでたし、めでたし。

・・・就職難求人難・・・

――山本さんは就職試験に失敗したことはなかったんでしたね。

山本 全部受かりました。受かる試験しか受けなかったからです。受からない試験を受けるのは馬鹿です。それだけのことです。

――何だか嫌な話ですね。

山本 昔の小学生は六年生になればもう分っている。自分の力は分っているから、この中学は大丈夫、ここは危ないもうひと息。あとはすべりどめ。

――今日は就職の話ですよ。

山本 同じです。自分が何を志しているのか分らないで受けてる。

――ほんとに落ちたことはないんですか。

山本 あるある、一つだけ。

――それが聞きたい。

山本 あとでしてやる。再び落ちるところは受けなかっただけ。自分の力が分ってるんだから。もう一つ戦前は人材を広告で募集するなんて恥ずかしいことだったんですよ。三井、三菱、住友、大倉――一流会社はみんなつてをたよってあらゆる所から入れてくれっていってくる。今でもそうですよ。求人広告をよく見て御覧なさい。財閥は新聞広告で社員募集なんかしてませんよ。

―― そうでしたか。私は広告できる会社が大会社だと思っていました。みんな縁故採用なんでしたか。

世間は会社員に満ちている

山本 人脈を頼って是非入れてくれって来る。見ると東京大学の法学部卒業見込、しかも成績優秀、そもそもそれ以下の人は来ないよ。そのなかから選べばいいだけ。

僕は小学校で親の商売を書かされた。見ると皆「会社員」て書いているけど、会社員てなんのことかわからなかった。わが家の家長は金利生活者で、働いていないんだから。利息で食べてるってひとはその頃でも少なかったんですよ。

―― じゃ何て書いたんですか?

山本 「著述業」と書いたんだけど、子供に著述業なんて分らない。自分の家が会社員じゃないからわからないんですよ。世間は会社員に満ちているっていう事にびっくりしたんです。それはね僕は東京高等師範学校付属小学校、のちの教育大。

―― 今の筑波大ですね。

山本　その付属小学校。ブルジョワ学校でした。だから戦中戦後自分の受けた教育が何一つ役に立たないことが分った。あとで言いますけど、戦争がすんで「闇」の時代になって、商売すると、相手はこんな大きな算盤《そろばん》出すんです。闇で「紙」を買う時ですよ。これでいかがですかっていう。ところが見ても分らない。おかしいよ我ながら。

――山本さん、そろばん今も読めないんですか。

山本　読めないよ。相手はこの世にそろばんできない人がいるなんて想像もつかない。でも大体の相場は知ってるから首をヨコにふる、2回目にこれではいかがとはじいて見せる、それでもうんと言わない。三回目にようやくうんて言えばいいんですよ。あとで正確な値段聞きだすのに苦労した。あんただってそろばん読めないでしょ。

――小学校で習いました。

山本　算盤は大事だよ、頭の中に算盤が入ってる。僕のブルジョワ小学校では算盤なんか教えなかった。いまだに勘定できない。小包の紐も結べなかった。

――算盤塾うちの近くにまだありますよ。

山本　今どき子供に算盤習わせるなんてえらい親だ、電卓育ちじゃ暗算できません。まだそういう親がいることは職業別電話帳を見れば分ります。東京には算盤塾が三百や五百あります。

――再び今日は就職の話ですよ。

山本　そうでした。就職運動ってのは大企業のご家来になる運動です。終身雇用で定年までいられるからそれになりたがる。いまその大企業が動揺しているから、官公吏になりたがる、大正以来その繰返しです。明治の末までは一旗《ひとはた》あげる、また「実業」につくってことがあったんです。

――リストラ時代で今もありますよ。

山本 成功するのは百人に一人、千人に一人、ベンチャービジネスっていうのは、飾っているんですよ。敗戦直後はベンチャービジネスばっかりでした。ソニーもホンダもベンチャーでしたが、今は大会社になってしまった。才能のない並の人はよらば大樹のかげ、家来になるしかないんですよ。どこのだれのご家来になるかっていうのが、就職問題の根本でしょう。ところが僕は会社員にだけはなるまいぞと固く決心していた。昭和十年代は女は最初からのけものでした。

――差別ですか。

山本 女が働くっていうと電話の交換手か看護婦か、デパートの売り子でした。

――職業婦人ですね。

山本 職業婦人ていうのは一段と劣ってるってことに、まあなっていました。

――だれより劣るんですか。

山本 「良家の子女《しじょ》」っていうものがあったんです。そういう子女がいて、貧しくて働くんだから、かわいそうな存在なんです。

——私もかわいそうな存在なんですか。

山本　そうです。フランスには金利生活者っていう層がある。わが国での金利生活っていうのは明治の末から大正にかけて二万円あれば、老夫婦ならその利息で最低の生活ができた、十万円、百万円あったらも少しましな暮しができます。わが一族は金銭感覚がないも同然で、無為徒食して昭和三年父が死んで以来十五年近く暮せたのですから、まあ相当あったんだろうと思う。俗に坐して食《くら》えば山もむなしと言います。

——昭和十二年自活するように言われたんでしたね。そして新聞広告に応募して就職して採用されたんですね。最初にお給料もらったときは覚えてますか？

山本　覚えてますよ。覚えてますけどね、自活するっていったってどうしていいか分らないから、まず電話帳で調べました。電話帳は情報の宝庫です。その頃は電話なんてそんなに普及してないから、二冊しかない。職業別と五十音別です。その目次二十ページぐらいを破って、毎晩つくづく見ました。その二十ページに人間の職業は尽きている、それなのに僕にできる職業はひとつもない。我ながらおかしくて笑いました。わが国の教育は飯を食う手だては一つも教えてくれないんです。武士の教育だからです。武士は世襲の「禄」で食べています。そして東京大学は禄を失った武士の失地回復のための学校なんです。法学部出ていれば初めから十人の頭《かしら》、あとは運次第で百人の頭、千人の頭になれるに決まっています。それ以外の途は始めから教える気はないのです。いまだにありません。いまでも東大だけが大学だと思っている一家があります。あとは大学じゃないんですよ、みんな専門学校で、早稲田が大学になったのは明治三十五年からだそうです。慶應は塾です。慶應義塾です。

——義塾の義はどういう意味ですか。

山本 知りませんよ。

——逃げましたね。

山本 ちょっと挿入しただけじゃないですか、義は悪いことじゃないからね。仁義礼智信、義は人倫五常の一つなんですよ。あんたそれ活字にならないよ。平仮名でじんりんごじょうと書いたって。

——分りますよジンリンゴジョウ。

山本 字引ひけよ。不倫不倫って言ってるじゃないか（といいながら紙に書いてみせる）。

——倫理のりん。で、ゴジョウは？ へー五常なんですか。

山本 人倫にもとるっていうでしょう。これは聞いたことがあるでしょう。人の道に外れるってほどの事だろ、あなた方は秀才なんだよ、僕いつも才媛て書いているじゃないか。人倫五常なんて寺子屋で教えたんですよ。

——寺子屋いってないから私たち。

山本 またそういうことをいう。

——山本さんもいってないんですものね。

山本　いくわけないじゃないか。ものごとは風の便りで知ることが多いんですよ。昭和になって一旗あげるなんて時代錯誤です。みな大藩のご家来になるつもりでいる。なれない男がやむを得ず自営業になる、友達は君は一国一城の主《あるじ》だから羨ましいねというけれど、あれはうそです。目に憐れみの色がある、と書いたことがあります。分りましたね。

――分りました。

酒は剣菱さて男山

山本　実業って言葉が使われたのは明治の末まで。昭和になってからは「お子さんは？」「実業についております」何してるのかっていうと、小店員かなにかしてるんですよ。

――それが実業なんですか。

山本　そうです。それはね、テレビで「ご商売は？」って聞くと「印刷関係です」。何とか関係ですっていうのと同じ。印刷屋なんです。飾っていうのです。世間は何々屋というと低く見る傾向がある。何とか関係っていうのはそのせいです。

――私たちは出版関係ですね。人みな飾っていうんですね。

山本　そうだよ。「実業之日本」社は博文館を凌《しの》いで日本一の時代があったのに今は誰もおぼえてない。「実業」の名を変える時期を逸しました。

――実業家だけに残ってますね。

山本　実業家は生きてますが実業をやっておりますっていう人はいません。テレビで見てごらん。製麺関係ですっていうから何だと思ったらうどん屋でした。言葉って言うものは必ず飾るんです。だから割引いて聞いておいたほうがいいって事です。

――そうすると山本さんの話も割引いたほうがいいでしょうか？

山本　そうだ、割引きたまえ。さて別に広告しなければならない商売がある、まず出版がある、薬がある、化粧品がある、酒がある、これらは広告が命です。酒は大関、菊正宗、澤之鶴、あなたでも名前を知ってるでしょう。

――けんびし、はくたか。

山本　酒は剣菱さて男山、さめるほどなら初手《しょて》から酔うな。人のあわれは博多の小女郎《こじょろ》笑うたあとでは泣かねばならぬ。ビールはキリン、酒は今でも菊正しか出さない料理屋がある。

電話帳は保守的で新しい商売はなかなか載せません。カメラマンが新商売としてデビューしても写真師のところへ載せて認めまいとする傾向があります。「貸植木」「貸しおしぼり」も認めまいとしました。新しいものは新聞の三行広告に出ました。これは敏感です。レストランのボーイは明治大正時代は男に限りました。漱石はボイと書きました。漱石崇拝の内田百閒もボイと書きました。大正年間になると女ボーイさん募集の三行広告が出ました。ウエイトレスのことです。追いかけるようにしてカフエーの女給さん募集が出ました。新しいものはまずここに出ます。ぼくは小学生の頃から愛読者でした。

――女ボーイさんには笑いがありますね。言いえて妙です。

山本　明治の末まで新聞は原則として四ページ、時々六ページだったんですよ。人がまっさきに見るところは人殺しか強盗、スキャンダル。あれは全部第三面に出ましたから三面記事と言いました。四面は広告欄、銀行の広告が多かった。昭和恐慌以来銀行は広告しなくなりました。今はするけど昔はしなかった。なぜかというと利率が同じだからする必要がなかった。それで談合してカレンダーも一年に一枚、巨大なものを拵えて、統一しました。民間は競争して泰西名画みたいなものまで作ったのにね。明治の新聞は銀行の広告だらけだったのです。銀行によって利息がちがったからです。信用ある一流銀行は利息が安い、その代り安全。二流三流は利息が高いから我が行に預金してくれと広告したのです。預ける人は短期なら二流でもいいわけです。昭和恐慌以来利息を同一にしたのはそのせいでしょう。あなた、今でも就職の時期には案内広告見たでしょう。

――見ます、見ました。

山本　僕は読みものとして子供の時から読者でした。べったり漢字ばかりでフシギな欄でした。どうですかこんな話面白いですか。

――面白いけれど、いつも聞いてる話です。

山本　わるかったな。電話帳の目次をみんな破いて夜ごと日ごとためつすがめつして、人間の職業はこれに尽きてるなんていうのは一大発見ですよ。それより自分にできる職業が一つもないっていうのは、さらに一大発見ですよ。

――それで三行広告のなかに何かできそうなものがあるだろうと思ったんですね。

山本　子供のときはこれで世間をうかがっていた傾きがあります。葦《よし》の髄から天井覗《のぞ》くです。金利生活者なんて、無為徒食してるんだから。贅沢してるかっていうとしてません。僕の父親の最後の道楽は普請《ふしん》でした。はじめ大尽遊びをして、財産を半分以上つかいはたして気がついて、子供がこんなにいて、これから二十年生きてかなくちゃならない。これは大変だって気がつくと人間どうなるかっていうとけちになる、かせいでる人は別ですよ、入ってきて出ていく人は別だけど。金利生活者は利息しか入ってこない、元金は減るばかりだから、人を疑うようになる、訪ねてくる客はみんな金を借りにくる人だって疑るようになる、そしてそれは大概そうなのです。ただ大尽遊びした人だから趣味はまあいい。家を建てるにも東京中を見て歩いたんですよ。そして一番いいところを集めて建てた。その頃は建築家なんかいない。いても建築家は官と民と分けると官の仕事をしている。設計事務所っていうのは戦後できたものです。東大建築学科は西洋の建築を学ぶところで、日本住宅なんか教えはしない。住宅は大工と棟梁の仕事です。

そこで出入りの棟梁と相談して、数寄をこらした普請をした。三年かかった。道行く人がふり返るような家だったが悲しいかな素人の作で欠点があった。それでもこの家で育ったのはよかった。なまじな家を見ても驚かなかった。父はこの家で昭和三年満四十九で死んだ。ぼくの小学六年の時です。それから昭和十二年まで徒食していよいよ自活しなければならなくなって、あたりを見回したという寸法です。

ダメの人にできる仕事はない

―― そこで毎日三行広告を見て瞑想にふけっていたのですね。一旗あげようとは思いませんでしたか。

山本 思いません。

―― まったく？

山本 とうの昔その時代は過ぎてます。馬鹿でなきゃわかります。

―― 山本さんは馬鹿じゃないんですね。

山本 馬鹿じゃないですよ。このごろ少し馬鹿になったけどね。

―― 私たちの馬鹿がうつったって仰有《おっしゃ》るのじゃないでしょうね。今のご発言は。

山本 そんなことはありません。そんな伝染は絶対にしません。しませんけどね、大体人の盛りっていうのは上り坂が三年、上りつめて三年、くだり坂が三年、しめて十年と僕はみているると言いますが、本当は五年です。だから盛りのときはあとからあとから名案が出てくる。その盛りがすぎたらもう出てきません。

―― あとは？

山本　まだ盛りが続いていると思っている人がいます。絵かきに多い。同じ絵をかいていて、それが売れるからね。

——　引退すればいいのでしょうか。

山本　早く死ぬのがいいんです。昔は人生五十年と言いました。長生きするのはよくない。それはさておき案内広告っていうのは一番始めは「尋ね人」とか「求人」とか「懸賞」とかから始まったようです。土地家屋、金融も多かった。金融てのは高利貸です。即決とあるのは即座に貸すということです、官公吏辞令ご持参とある。下級公務員に辞令を持参させればすぐ貸すというのは五十円や百円借りて一生を棒にふるひとはありませんからね。三行広告ではないけれど似た欄の「話ツイタ委細フミ」「母キトクスグカエレ」なんてのも愛読したな。

——　私の友達も家出したんです。両親が心配してあそこに出したって、それをいまでも記念にとってあるって。

山本　あれは当人が見なくてもいいんです。知り合いが見て伝えてくれればいいんです。それから広告にはデモの意味がある。たとえば「室内」の広告。毎月月ずえ朝日新聞に出ている。大きい。これだけの広告なら高いだろう。したがって「室内」売れてるだろう。こんな裏店《うらだな》にいると思わない。

——　よくきかれますよ。あれだけの広告、幾らするんだって。

山本　あれも広告の効果のひとつです。デモンストレーションです。

――三行広告を見て就職して、すぐやめてまた就職して、転々として今日にいたる話早くして下さい。

山本　お楽しみにと言いたいが、それほどのことじゃないよ。

――以上のお話、耳にタコの私どもには分りますが、読者には分らないでしょう。「とんではねるのが何よりじまん」に過ぎました。穴をうめてください。

山本　うめましょう。どことどこを？

――試験はみな合格した、すぐやめることを繰返した、なぜですか。それでいて一旗あげる気はない、なら何で衣食するつもりだったんですか。適齢期なのにどうして召集まぬかれたんですか。悪知恵のありったけをしぼったんですか。

山本　召集は並の悪知恵ではまぬかれませんよ。

――それからもう一つ、三度面接してなぜおとされたんですか。これは今回話して下さるお約束でした。

山本　忘れてはいませんよ。あんた今日は別人みたいにてきぱきしてるじゃない。ただどこから手をつけていいか分らない。とりあえず話なかばの三行広告からでいいでしょうか。

――結構です。

山本　求人広告で僕にできそうな仕事は雑誌社出版社ぐらいだと分りました。はばかりながら当時の若者より言葉を知っている、字を知っている、外国に遊んでいる、広告をかくいかさまの才がある。「七日つけたら鏡をごらん」この程度ならいくらでもできる。

——その美顔水、私もほしい。

忘れもしない月給三十五円

山本 マスコミは一流でも広告が命でした。けれども僕は一流は避けて受けませんでした。

——どうして。なぜ。

山本 「主婦の友」「講談社」は当時でも一流中の一流でした。どういう答案を書けば合格するか分っています。分っていれば書けます。そして、それを書いたことのいまいましさに堪えかね、最後の二行か三行で前文のことごとくをひっくり返すでしょう。

——山本青年ならやりかねないことですね。

山本 わざわざ受験に出向いて、そんな答案を書いて、才気のほどを誇示するのは失礼です。ご苦労です。それに試験官だってバカばかりじゃありません。

——そりゃそうでしょう。当代一流のジャーナリストぞろいでしょう。

山本 何をちょこ才な、と見破る人もいるはずです。二流三流にはいません。いても僕の成績は抜群です、採用するよりほかありません。

——初任給はいくらでした？

山本 忘れもしない三十五円でした。数え二十二歳、新卒の初任給は六十円前後と聞いていましたからあっけにとられたら、さすがに三十半ばの編集長は恥ずかしそうにしたので、あ、この人いい人だなと分ってそれに永くいるつもりはないんで承知しました。

――何カ月いらしたんですか。

山本 まる三カ月。月刊なら毎月同じことをする。三カ月見ていればたいがい分るからやめて、広告を見て他に移ることを繰返して、いかにして雑誌ができるかおぼえました。原稿書きながら見物してたのです。

――独立しようと思ってたんですね。

山本 とんでもない。一旗あげるなんて時代遅れだって言ったでしょう。

――才能さえあれば可能でしょう。

山本 月刊雑誌「犬猫人間」社ならいい。昭和十二年前後ペットの時代がくるだろうと僕は予想していました。ペットの雑誌なら売れるだろう、愛犬、愛猫のアルバム、内職的な記事は絶無、犬猫じまん、コンクールの写真満載。何より犬猫人間社と人間を最下位に置いたところが気にいりました。数少い友に語って大笑いしてそれでおしまい。

――人は五歳にしてその人、三つ子のたましい百まで。今と同じですね。

山本 月刊「ペット」の企画がたてられたんです。

――まっ暗どころか、と百万べん仰有るわけですね。

山本 月給は転職するたびあがりました。

――いちばん永かったのは何カ月？

山本　半年くらいかな。これは二流の経済雑誌。左翼の残党がたくさんいました。つくづく見て大きらいになりました。中垣虎児郎《こじろう》と坂入長太郎の二人と仲良しになっただけです。中垣さんは改造社の校閲にいた人で、本当の貧乏から社会主義になった人ですから平気、エスペランチストで翻訳書もある、岩波書店の会長になった小林勇が好意あふれる小伝を書いています、画もかきましたが自分はアマチュアだと何事につけても分《ぶん》を知っている人でした。死んで何十年も経ちましたが僕の心中ではまざまざと生きている人で僕の本を読んでもらいたい人です。どんなに喜んでくれたでしょう。

――独身で下宿ずまいだったのですか。

山本　そうだよ。ベンチャービジネスの時代は明治初年から三十年まで、大正十二年の震災の直後、同じく昭和戦災の直後だけです。ソニーやホンダはベンチャーでした。それが大企業になってもうベンチャーの出る幕は終りました。出るのは三浦某のフルハムロードです。寄らば大樹のかげになりました。講談社や主婦の友社は明治末、大正初年の創業で出版界には遅くまでチャンスが残ってたほうです。僕はころんでもただは起きない方で、やめた社から急ぎの原稿をたのまれる、この場ですぐ書いてくれという原稿を書かされる、当時の二流の雑誌社なんていつ原稿料くれるか分らない、三カ月、半年かかる、くれない社さえ沢山ある。「これすぐ」というのは会計に頼んでその場でくれます、一枚一円が相場、ただし係を酒場にさそわなければならない、不文律です、足が出ることがあります。

――食糧事情は悪くなったでしょう。

山本　まだまだ、なったのは昭和十七年ごろから。だけど人のいやがるものをさがせば充分たべられた。どじょう、馬肉、ぼたん（猪）昭和十九年空襲があるまでは何とか食べられた。食用蛙、ふぐ（戦前はあたるといっていやがった、今みたいに高価ではなかった）、新橋のふぐ屋に友をさそってよく行った。惜しい命じゃなし。

一度しびれたことがあるけれどどこの程度は大丈夫と分るからフシギです。食べるに不自由しなかった話は以前したから割愛する。

――生活も安定したんですね。

山本　昭和十九年に結婚して、千葉県柏に一軒家を借りた。周囲はまだ農村だったから困らなかった。すでに編集長です。当人は才能のせいだと思っているが戦争で二十代の人材が稀だったせいです。こんどは僕が社員をさがす番です。案内広告で編集者募集しても昭和十七年には二、三人それもろくなのなし、以後は昔にかえって口コミで頼むよりほかなくなります。

――月給たくさん貰ったそうですね。

山本　昭和十六年は新出版社をおこすのは許されない時代です。けれども法は破るためにあります、僕は秘術をつくしました。戦争中はヤミはありません、三十五銭のチャーハンが三年かかって五十銭になったのはヤミではない、値上げです、ヤミは戦後です。第一次大戦後のドイツのヤミこそ真のヤミです。ビールは飲む前に払った、飲んでから払うともう高くなっている。こんなヤミは日本にはありませんでした。荷風の「断腸亭日乗」には昭和十八年まで芝口《しばぐち》のすき焼屋「今朝《いまあさ》」と、隣接した「金兵衛」、べつに鰻の「大和田」で三日にあげず食べています、三、四割高いだけでヤミではありません。

——お忘れですね。面接に三度呼ばれて結局不合格になったお話。

山本　ああ、あれは面白かった「ダイヤモンド」。ダイヤモンドは石山賢吉一族の経営で経済雑誌としては今よりよかった。大概二度ですよ。三度まで面接して落第にした。私を推す人と最後まで反対する人が争ってもう一度もう一度と面接を重ねたんでしょう。

——山本さん経済なんて分るんですか。

山本　分るもんですか、人物評でも書かせるつもりだったんでしょう。誰だか分りませんが、この青年に限るって推す人と、いやこの男だけはいけないっていう人がいるってことが手にとるように分る、僕は人が怒るとき笑うくせがある、この時もその席のやりとりを想像して笑いました。あははは。今も笑います。

とかくするうちに昭和十六年あの編集長が新しく創業する出版社がある、高給出すからその編集長になれと推薦してくれた、なりましょうってなった。その編集長、一番はじめ三十五円しか出せないって恥ずかしそうに言った人ですよ、この会社も戦争で売れるようになってよく飲みにつれていってくれた。僕は酒はほとんどのまないんだけれど、くっついて行ってまあ仲間です。その人のんだくれでね、アパートで一人暮らしなんです。四十に近くなっていてね。バーの勘定は「つけ」で、めったに払わない。そこのマダムが僕という知らない客がいる前で、あろうことかたまった勘定の催促をした、どうした風の吹き回しか手の切れるような札束を持ってて耳をそろえて払ったのでリュウインがさがった。その人のアパート、洋風で水洗で、当時としてはいいほうだった。この年の暮、正式の日米戦争がはじまる、それまでは「まさか」と思ってバー通いをしている、はじまっても連戦連勝だからバー通いしている。

——再びまっ暗なんかじゃない、ですね。

山本　新事務所は麴町隼《はやぶさ》町のガレージを改装、そこに空襲で焼けるまで三年近くいました。わが生涯で一番働いた時です。どうして働いたか、戦争という巨大なプレッシャーがあったからです。

濠端でいい風が吹いて

——想像できませんね。そのときの山本さん見てみたい。カッコよさそう。階段なんか一段飛ばしに上ってたんでしょう?

山本　しまいにはリヤカー押した。昭和二十年だからトラックはない。三月十日の空襲に麴町はまだ焼けてない。新刊の発送に中央郵便局までリヤカーを押していく。あんな面白いことなかった。濠端でいい風が吹いてきて。

――昨日のことみたいですね。

山本 本なんかもう出せない時ですよ。この話は「『室内』40年」に書いたから割愛する。

――それは山本さんがPR誌「素描」を出してたころですね。

山本 統制で創業できないのに「波」や「本」みたいなPR誌まで出して愉快でした、今になってレジスタンスなんていう人があるが、なに面白ずくの「いたずら」ですよ。

――世はいかさま。いかさまの才を思う存分発揮したのですね。

山本 この位の悪知恵がなければ生きていかれないよ。諸君はその程度の才もないから叱られるんです。

――諸君てだれの事ですか？

山本 諸君のことだよ。諸君諸嬢っていえばいいのかい？ リヤカー押して面白くて、それで片っ方で空襲があるでしょう。

――スリル満点ですよね。

山本 事務所は彰国社の世話で借りたのです。彰国社の下出源七さんの近所、そこで開業して二十年の五月焼けるまで営業してた。

――彰国社は戦前からあったんですね。

山本 印刷屋でした。文部省から仕事をもらって、文部省に直結しているから勘定のとりはぐれがない。

――今はもう印刷はやってないんでしょう。

山本　やってない。戦後は出版社ですよ。もともといかさまの才のない堅い一方の人でした。コロタイプ印刷という五十部か百部刷る玻璃版《はりばん》というのがあって、国宝を複写するんですよ。発注は文部省。実直な人で信用があった。国宝「名古屋城」「姫路城」とかの注文がある。三百部刷って百部売らしてくれる。その広告を書いてくれって言う。明治生れの人だし注文は文部省だから漢字を並べれば名文だと思ってくれます。

――ひと時代前の文章ですね。

山本　そうだよ。文部省に納めたあとを好事家《こうずか》に当時の金で一部五十円位で売らせてもらうんです。それもお得意が決まってる。

――いい商売ですね、簡単そうですね。

山本　だけど大きくはなりませんよ。印刷屋には出版社に対する劣等感がある。

――あの印刷関係。

山本　クレアティブでないと思っている。僕は思ってない、出版なんて賤業だと思ってる。だからまあ仲良くなって、広告みたいなものを書かされた。礼に金を払うのは失礼だからご馳走してくれる。焼けないうちは料理屋で、焼けてからは自宅でしてくれた。二十年五月に焼けるまで僕は食うに困ってません。僕ばかりじゃない、最後の最後になっても隣組の役員は配給のもののいいとこを他のものと交換して、残りを配給したから困ってなんかいなかった。それに隣組は男女交際の場でした。

――山本さんは「特高」とやらに監視されたことはないんですか。

山本 ありません。中垣虎児郎、坂入長太郎と三人で銀座街道を歩いていて、中垣ひとりつれていかれて気がつかなかったことならあります。さながら「神かくし」でした。中垣虎児郎は共産党員じゃありません、エスペランチストでした。当時のエスペランチストには社会主義者が多かったことはどこかに書いた。

――ええ（本当は読んでない）。

山本 中垣老は貧乏から左翼に、社会運動に入った人です、お尋ね者のひとりでした。しばらくすると無事釈放された。

――戦後はいつから工作社を始めたんです。

山本 昭和二十五年から市ヶ谷ビルで開業、二十九年虎ノ門に転じ同時に株式会社にしました。ふたたび案内広告で社員募集する側になりました。

――試験する人になったんですね。

山本 人生教師になるなかれ。僕は人を試験する資格ある者じゃありません。十分や二十分で人間はわかるものじゃありません。試験問題というものは漏らすと罰せられます。僕は進んで漏らしました。

――何ですって？

山本　応募者にまず雑誌を送りました。雑誌は何よりその社を表《あらわ》します。いつわることはできません。それを見た上で①この雑誌の読者層は？　②経営は順調か否か？　以下を問いますからよくご覧の上○月○日ご来社下さい。

――問題を漏洩《ろうえい》してもいいことは分りましたが、友人に相談した上で答案を持って来たらどうなさいます。

山本　そんないい友人があるならその人に入社してもらう（笑）。毎年問題を考えるのが面倒だから公開してもいい問題にしたのです。

――それで成功しましたか。

山本　したといえばしました、しないと言えばしません。当時は履歴書には戸籍抄本を添えました。家長の職業を書くようになっていました。あなたの時代には抄本は出すに及ばなくなっていましたね。

――出していません。

山本　あれはアメリカのまねです。まず「カラード」と書くことを禁じ、ほかに色々禁じました。

面接に茶は出しません

――あとどんな試験をしましたか。

山本　大小を問わずプランを立ててもらいました。「読者いわく」の投書を書いてもらいました。ほかにいろいろ試みましたが忘れました。ただリラックスさせるために話して笑いに敏感な人をとりました。僕の本の熱心な読者はとりません。

――なぜですか。

山本　ダメの人の読者は仕事に向きません。

――実は私は文庫本のなかの「入社試験」を読んで受験しました。何冊か読んでいました。合格してうしろめたく思いました。

山本　それには及ばない。あんた読んでも何の影響もうけない人だ、戦前と戦後の違いの一つに面接の個人に以前は茶を出しませんでした。お客ではないことをどこで察知するのかだれも出しませんでした。緊張のあまり、湯茶をこぼすことがあるからです。戦後は出すなと言わないと出します。その微妙なセンスがなくなりました。

――断るにきまっている保険の外交に出して叱られたことがあります。

山本　出版を業とするいきさつは「『室内』40年」にくわしく書きました。昭和三十年「木工界」を創刊して雑誌のくせに増刷に次ぐに増刷して一年目に「仕入の手引」を付録につけ、そのなかで一番売れるものがあったら雑誌をやめてそれに鞍がえしようと思ったら売れるのは安ものばっかりだったので鞍がえできませんでした。以後雑誌ひと筋です。けれども天職だなんて思っていません。

——お気の毒さまです。

山本　昭和四十四年僕は上野の西郷さんの銅像の下あたりの石垣で次のような貼紙を見ました。

いわく、

「急募」（男子）

お金ほしい方　過去は問いません　保証人がいなくてもかまいません　一生懸命働きたい人はおいで下さい　経験も　もとでもいりません　寮はあります　収入は〇千円以上で日ばらいです　電話〇〇—×××番

簡にして要を得てこれ以上の求人広告はないと感心しました。まずお金ほしい人と単刀直入です。過去は問わないというのは前科に似たものがあってもかまわない、余分なことは一つも書いてありません。寮があるといってもタコ部屋みたいなものだろうと見る人には分ります。場所は上野です。すでに浅草はさびれています。反響は予想できます。

——広告のお手本の極ですね。

山本　すでに手不足の時代にはいっていることまで分ります。

・・・タイトル・・・

——今回は「室内」のタイトルから時代を読む予定でしたね。では始めます。

山本 僕はタイトル（だけ）作家だったんだけど、このごろ腕がなまった。初期はたいてい僕がつけた。タイトルも目次も序文もあと書きもみんな広告だと僕は思っています。この本を、またはこの記事を、見てくれっていう広告です。広告の極は一行です。その出来のいいのは格言です、諺《ことわざ》です、金言《きんげん》です、すなわちタイトルです。僕の中にも傑作がありますよ。「何用あって月世界へ」。

——アポロ？

山本 昭和四十四年に「『豆朝日新聞』始末」（文春文庫）に書いた。副題に「月は眺めるものである」と添えたがこれは蛇足《だそく》、なくても分る人には一行で分る。

——あったほうがいいです。今は「耳たこ」ですが、初耳のときは。

山本 最近では「どうしてそんなに謝るの」の一行がある。これなら馬鹿でも分ります。総理大臣をはじめ閣僚諸君はみんな謝って歩いている、国民は不服です。「女に参政権はいらない、並の男にもいらない、制限選挙で沢山だ」これは賛成する人は少ない、怒る人が多い。まず女が怒る。選挙には行かないくせに何で怒るんだよ。

——　たまには行きます。今まで出たタイトルじゃありませんよ。

山本　四十四年間のタイトルは「室内」に出たタイトルは「室内」に出たタイトルが分るなんていうケチなもんじゃない。世の中全体があらわれる。どんな小さなものからでも全体が察しられる。「お日様は誰のもの」というタイトルがある。昭和三十五年「木工界スポット」に出た。当時は日照権を争った時代だと分る、昭和四十七年に、「さらば庭つき一戸建住宅」が出た。これで時代の移りかわりが分る。初めはまあ日照権の味方をしてた。ところが東京は「ビル林立《りんりつ》する大きな村」(昭和48年)になりつつあったんですよ。林立って知ってる?

——　誰だって知ってますよ。

山本　失礼。だってマッカーサー元帥のこともモトシって読むひとがいるんだよ。

——　誰ですか。

山本　アナウンサー。

——　それなら私も頭寒《ずかん》足熱を「とうかんそくねつ」っていった人、「旧中山道《なかせんどう》」をいちにちじゅう、やまみちって読んだ人を知ってます。

山本　横書だから旧を1日と読んだんだな。皆それぞれ別な間違いをする。それを一々笑うならわれら国民一億二千万人一人が一つずつ笑える。戦後教育のせいでその程度のものが読めなくなった。それらは黙読のせいもある。「何々に非《あら》ず」を「ヒズ」と黙読している人多し、ヒズでも意味は通じます。

——そんなら「如し」は何と読んでるんでしょう。

山本 知るものか。だからルビをふると、バカにするなって怒る読者がある。私でさえ間違えないことをアナウンサーが間違えるっていうのは自慢話です。その点では間違っていないが、あとで似た誤りをどのくらい誤っているか知らない。自分のことは棚にあげて他を咎《とが》めて快をむさぼるのは採らない。

——でも山本さんいつも私たちのそういう失敗を笑うじゃありませんか。

山本 笑ってはいない。正しているんです。

——どうしてこんな話になったんでしょう。

山本 脱線というのは言葉が言葉を刺戟してなるんです。どうせ嚙み合わないんだから。自分の中の他人と話してるんです。

——じゃあ、今私たち会話しているようですが山本さんはご自分の中なる他人と話してるんですね。一番好きなタイトルは何ですか。

山本 山ほどある。「私がさがせば必ずない」「家はあれども帰るを得ず」(昭和63年)なんて小さいけれど好きなタイトルです。さっきの「どうしてそんなに謝るの」は千万人を敵にまわす題です。朝日新聞は陛下におわびの言葉がなかったなんて書いたんだからね、日本中の新聞を敵にまわすことになる、これを男子の本懐という。

――女子の本懐っていうのはあるんですか。

山本　ノーコメント。僕は当然予想される反論を、一つ一つあらかじめ論破して話を進める。ために相手は怒る。逃げ場がない。そういう事しちゃいけない、どっかに逃げ道をこしらえてね、向こうの人にわが軍大勝利とせめて思わせておかないといけない。

――じゃヒソかなんか飲ませる人が出てくるかも。むやみに食べたり飲んだりしちゃいけませんよ。

山本　だけどねヒソを飲ませる人はね、第一僕のものなんか読まないから大丈夫。読んでも理解しない、「21世紀は来ないだろう」なんて。

――ノストラダムスの大予言を信じてるんですか。

山本　そんなもの読むはずないじゃないか。

――山本さん自身がノストラダムス。

山本　僕はこの文明は文明じゃないって言ってるんです。そこのところを理解しない人が多い。

――そういうことだったんですか。もっとタイトルあげて下さい。

素麵、にゅうめん、ひやぞうめん

山本　いくらでもあるよ。毎年正月はホテルですごすけど、「一流ホテルと言うけれど――

泊まり心地は似たりよったり」（平成3年）、それからね気に入ってるのは「帰りなんいざ木の家へ――つぶれても焼けてもこわれても」（昭和53年）大正十二年の大《おお》地震で丸焼けになったのはそれは木の家だからだ。それで小学校を全部コンクリートにしたんですよ。小学校のコンクリ化は、東京の下町から始めて、昭和十年ぐらいまでに全部コンクリになった。「二十四の瞳」の映画化のとき木造の小学校を探すのは骨だったと思うよ。いまやっと五十代の松山巖さん、港区愛宕の生れですから早かった。初めからコンクリで水洗です。お江戸日本橋から、神田、下谷、芝など昭和初年から水洗です、「くみ取り」は知らない。木造は火に弱い。やむなく木造なら木造モルタルにせよ。モルタルは耐火性があるっていうけど、ないと思うよ。少しはあるかもしれないけど、なかの木が腐っちゃう。コンクリなら百年もつと言ってたけど、まず設備が古くなる、それから壁はひび割れる、雨水は迂余曲折してどこから洩るか分らない、とても六十年はもたない。それで今度は木の方が暖かいとか何とかいって木造補助金を出しはじめた。

――だから二十一世紀はこないってわけですか。いま隣の工事中のビルは建ててもしょうがないものを建ててるってわけですね。

山本　人はその日まで建ててるんです。

――滅亡する日まで。

山本　高枕して寝てます。

――そういえば「世間知らずの高枕」（新潮文庫）というタイトルがありましたっけ。

山本　「おーいどこ行くの」ってのもいいだろ。橋の下の乞食にオーイと問われてもどこに行くのか自分でも分らないんだから返事ができない。「六年牢屋に入れられて」は安部（譲二）と対談した時の題だよ。

「帰りなんいざ木の家に」っていうのは陶淵明の詩が下敷きになっているからそれを知らない人でもやっぱり血が騒ぐ。日本人であるところの血が騒ぐんですよ。

――私は「これがまぁ『ついの栖』か」って言うのが好きです。「唇に歌をもて」（吉野源三郎の名タイトル）も。

山本　素麺、にゅうめん、ひやぞうめん（と言いつつ腕を上から下へゆるりとかく）、日本橋の蠣殻町《かきがらちょう》（とひっかく）、豚屋（と言ってぶつ）のおつねさん（つねる）、どんな子供でも喜ぶ。

明治になってお侍が四散して、東京の人口は半分になった。下町は食べていかれない。侍は何もしないで、百石とか千石とかの「禄《ろく》」をもらっている。そのかわり一旦戦争になったとき戦う。江戸時代二百何十年は戦さはなかったからゴクつぶしだったんだよ。だけど下町はそれで食べていた。純消費者だったんですよ。それが失職して、いろんな事をした。牛や豚まで飼った。明治政府は牛乳を飲ませたがった。さびれた町のいたる所に牛がいた豚がいた。だから日本橋の蠣殻町の豚屋って歌われたんです。

――話はそこにつながるんですか。

山本　それほど荒れ果てて、人口が回復するのに二十年かかった。以後人口は増えるばかり。「野菊の墓」の作者伊藤左千夫は歌人で、衣食のために牧場を経営した。正岡子規門で代表作に「牛飼が歌よむ時に世のなかの　新《あら》しき歌大いにおこる」がある。

むかし大掃除というものがあった

――山本さん家《ち》に牛は？

山本　いません。

――たぬきが一匹。

山本　ハハハ、狸かと思ったら夏彦か。「誰がために病院はある――患者の身になって設計すべし」これは、「室内」に相応《ふさわ》しい題、医者のためにある、看護婦のためにある、手術台も同じです。手術台を家具だと思ってる人はない。床屋の椅子もそうでしょう。

――でも私の友達は椅子で歯医者を選ぶって人いました。たまたま入った歯医者の椅子が、あんまり気持ちよくてうたた寝したほどなんですって。次に普通の椅子の歯医者に行ったら、痛くてたまらなかったそうです。

山本　それ若い人。

――美女ですよ。

山本　そういうものを作る発想が生じるのは一大事だ。「むかし大掃除というものがあった」（昭和63年）は気にいっている。これはだれでもイメージがわく。大掃除知らない人はない。あなた方でも知ってるでしょう。「奉公人と労働者の間」（昭和35年）って言うのも時代が分る。それまでは親方が徒弟だと思ってると奉公人はみんな中学を出てるし、新しい教育を受けている。昭和三十年代のことです。それによって昭和三十年代が分る。「親方ちょっと聞くけどね」と弟子は親方（粕谷奎三さん）を呼びとめて聞く。それから、「中卒やーい高卒やーい」（昭和36年）となる。金の卵なんて言い出してちやほやしても、徒弟になり手がなくなって東北地方まで探しにいく。そのとき親に貯金通帳を見せる。三年働いたら貯金がこれだけたまると見せて誘うと応じるものがある。そのうちずるい奴は行くといって行かない。支度金をもらってほかに口をかけて、そっちへ行く。わずか四、五年の間の刻々に変るのが分る。

それからコピーの問題がある。コピーは、あらゆる物にある。真似ができれば一人前っていう言葉がある、絵でも手習いでも踊りでもすべてまねです。名画の模写をしていると、その時だけは故人と同じ気持になる。模写は修業の第一歩でした。

——山本さんの口真似ならできます。（電話の声色を使って）はい山本です。

山本（苦笑）なかなかうまいよ。デザインのコピーなら登録しておけばふせげるという案がある。しかし家具なんか登録しているうちに流行がすぎちゃう。売る時期を失っちゃう。特許とか実用新案をして発売すればいいっていうのは机上の空論です。家具屋がデザイン登録機関をつくったが、家具屋が家具屋を取締まることはできません。たとえば行政改革は役人を減らすことです。役人が役人を減らすってことができますか。役人は役人を増やしに増やしてこんなに増えちゃった。減らしましょうってのは全くの他人がやらなければできません。そこで役人はうまいことを考える。頭に人格者をいただく。つまりほら、目刺を何匹しか食わない、何て人だっけ。

――土光（敏夫）さん。

山本　こういう人格者がやって、できなかったっていうと世間は通るんです。

――じゃあ山本さんじゃ駄目ですね。目刺どころか鰻食べる人は駄目です。

山本　会議は決裂するよ。それにね「とかくこの世はダメとムダ」です、全部無駄をなくしたら、生きてても面白くありません。

――でもコピーは初期のほうがたくさん扱ってます。

山本　「似たものデザイン」（昭和40年）という写真コラムの連載をしたことがある。「ためすがめつしてみたが」「手本はおなじみデンマーク」「習い性となるマネもある」ついに「西洋人も真似をする」まで出た。イタリーにソニーの真似したソミーっていうのがある。でもソニーは怒らない。真似されるようになれば一人前だから構いません。それにあれは品物が悪いからすぐ分りますって。日本人はそういうことに寛容です。これなんかどうかな「布団は必ずり落ちる」（昭和37年）。

――今でもずり落ちますよ。

山本　それから都市問題が結構出てる「大《おお》ビル小《こ》ビル無計画時代」（昭和38年）「ビル林立する大きな村」これはさっきあげたかな。それから「モデルチェンジもほどほどに」（昭和39年）っていうの、これは今でも通用する。「この不愉快なものスリッパ」（昭和49年）っていうのは、まずかかとが無い、汚い、特に病院のが汚い。

――「存外かわらぬ職人気質《かたぎ》」（昭和39年）。

山本　「設計施工の一貫のどこが悪い」（昭和39年）これ五十年来の大問題ですよ。ゼネコンは設計施工を一貫して請負って非難されてるんですから。コンペの話もよく出てます。「公開してはどうかコンペの審査記録」（平成元年）「こんなコンペならないほうがまし」（平成2年）。

――布野修司《ふのしゅうじ》さんが審査員をしたとき、同役がいかにいい加減に審査しているかっていう見聞《けんぶん》を書いていました。坂本龍馬記念館コンペの実録再現。

「最優秀賞になった案（高橋案）は一次の百選、二次での五十選ではほとんどノーマークだった。

近江（栄）、十分エキサイティングでした。

事務局、高橋案は二次の五十選に残った時には△だった。それが浮上して最優秀賞を射止めるとは……

近江　ヒョイと浮かんできた。

磯崎（新）　そういうもんです。」

いい加減はいい加減とし布野さんは、そのプロセスを公開することに意義があると書いてます。「こんなコンペならないほうがまし」は指名コンペの話です。

山本　指名コンペは正しくは何です。

――コンペする側が設計者を指名して、指名された人だけが参加できます。ここでは、総工費十数億円の建物の指名コンペで、その指名料が六十万円、設計期間が一ヵ月、これでいいプランを出せというのは酷だといってます。

山本　指名じゃないのもあるんですね。

――「公開コンペ」です。応募資格にあてはまっていれば誰でも出せます。賞金もまちまちです。一等百万円のもあれば、三百万円なんていうのもあります。

山本　審査員の報酬はどうなってるんですか。

――近江さんが審査員に払われる報酬について「室内」の「質問室」で答えています。報酬は千差万別で、あてがいぶちだそうです。一応、建設省関東地建の算出方法によると審査要領についての打ち合わせで、一日二時間程度の拘束で一万二千円、図面の審査はキャリアによって異なり主任技術者クラスで一日約八時間の拘束で十万二千円、ひどい場合には書類審査だからと一日中拘束されて一万二千円しか払ってもらえなかったこともあるようです。2日拘束して二十万円以上の報酬を用意できないなら審査員に対して失礼だといってます（平成5年当時)。

木魚の産地を知りたい

山本　しかも審査員は当選したら解散してしまうんでしょう。

――だから近江さんも選んで責任をとらないということを問題にしています。審査員に権限と責任を与えると共に報酬をちゃんと支払って竣工にいたるまで設計者と役所の間に立って調整役を務めるべきだといってます。

山本　審査員が全部解散してしまうと尻の持っていき場所がない。「質問室」は読者の過半に関心がない、特殊な質問は取上げません。コンペは最大の関心事です。

――でも「木魚の産地を知りたい」(平成2年) なんてのもありました。これは特殊ですよ。

山本　そのくらいになるとね、これ普遍性がある。木魚っていうのは寺ならどこでもぽくぽくたたいてる。だれかがどっかで作ってる。

――90パーセントが台湾製だって書いてありました。平成二年のはなしです。

山本　仏壇は彦根、古本は神田、昔は決まっていた。牛込にいまも簞笥町っていう名が残っている。戦災まで簞笥屋が20軒くらいあったんじゃないかな。これが暮に大売出しをする。その時まで待って、簞笥は牛込で買う。

驚くべきは「合鍵3分で作ります」(昭和43年)。

――誰も驚きませんよ、今でも作れます。

山本　その合鍵で泥棒に入った話は聞いたことがない。

――そう言えば作るときに証明書さえいらない。

山本　日本がいかに治安がいいか、娘が一人で深夜帰れるなんて国はどこにもありませんよ。警察のおかげですよ。恩知らずです。

――あの、いま気がついたんですが、「室内」の創刊は昭和三十年ですから、「戦前という時代」ではありませんよ。

山本　ほんとだ。そんなこと今ごろ言っても遅いよ。「番外」ということにしておいてくれ。

・・・花柳界・・・

山本　今日は戦前の宴会の話をします。宴会につきものの花柳界の話をします。宴席はいつまであって、何時からパーティに代わったか。

――うかがいたいものです。

山本　宴席はまだ全くなくなってない。芥川賞や直木賞の選考は築地の「新喜楽」で今もやっています。それから明治大正時代まで結婚式は自宅でしました。披露宴だけ料理屋でしました。料理屋には割烹専門の料理屋と三業地のなかの料理屋とがありました。

――三業地ってなんですか。

山本　芸者屋と待合《まちあい》と割烹が軒をつらねている一郭が三業地です。見番《けんばん》という取次の事務所があって、そこへ電話が掛かってくる。

――それを置屋へ取次ぐのですか。

山本　（いやな顔して）置屋っていうのは大阪の言葉です。東京では芸者屋です。覚えといてください。芸者の過半は住込みです。赤坂の春本《はるもと》なんていう芸者屋は三十六人も芸者を養女にして抱《かか》えていました。

——一軒の料亭で？

山本　料亭じゃない芸者屋。見番ていうのは三業の総元締めです。春本の何々はいますかと待合または料理屋から電話の問合せがあって、座敷に出ていたら「ふさがり」。あいているときは「空き」。札《ふだ》を見て答え、すぐうかがわせます。

女中には大きな力がある

——派遣店員みたいですね。

山本　うまいこと言うね。だがすこし違う。札の裏が返っているから空きかふさがりかすぐ分る。空いていれば、芸者屋に電話する。料理屋では客を泊めることは禁じられています。板前がいて料理専門です。待合には板前はいません。料理は全部料理屋からとります。芸者はその双方にはいります。世間には箱がはいる料理屋（割烹）と、はいらない料理屋があるわけです。

芸者は踊ったり歌ったりするだけじゃない。本来は宴会の給仕です。だから座布団は敷かない。羽織は着ない。客のご馳走には手をつけない、すすめる客もいない。酌をするのが勤めです。

——いま花柳界はどこにあるんですか。

山本　新橋にあります。赤坂にあります。柳橋は江戸時代から第一の土地だったけれど、今は滅びた、一軒もなくなった。神楽坂には何軒か残って、見番もあるけれど、風前の灯《ともしび》です。今も昔も料理屋はピンからキリまであるが「箱がはいる」店はほとんどない。

――ほーい、ほい、ほい、えっさかほい？

山本 ちがう、それは駕籠《かご》屋。三味線を箱に入れて担《かつ》いで芸者のお供をする若い衆が箱屋、花井お梅はその箱屋の峰吉を殺しました。

――それは「最後のひと」で読みました。

山本 久保田万太郎は大正八年下谷の料理屋「伊豫紋《いよもん》」で最初の結婚の披露をしてます。久保田万太郎っていえば、

――赤貝がのどにつまって死んだ作家ですね。

山本 よくご存じでした。箱が入るとか入らないというのは料理屋のよしあしとは関係ない。その近所に三業地がなければ芸者ははるばる呼ばなくちゃならない。そうすると金がかかる。だからどの土地にあるかによって、芸者が入るかどうか決まるんです。

大磯は海水浴場としては日本で初めてのところでした。避暑や避寒にくる。そこで伊藤博文は滄浪閣《そうろうかく》という別荘を建てた。総理大臣だからお客がおしよせる。大磯じゃもてなしができない。もと漁師町ですからね。それでまず料理屋を建て、次いで待合を建てた。宴席には芸者がつきものです。五十人百人の宴には給仕に大勢呼ばなければならない。白衿黒紋付の芸者が人力車を連ねて田舎道を駆けつける。それは見事だったそうですよ、衣裳だけでもね。器量は二

の次。

――見てみたい。

山本　料理屋は客を泊めることはできないことは言いましたね。そこで待合があるんです。待合には宴会用の座敷もありますが、四畳半が多い。すなわち待合は客を泊める所です。料理屋で目星をつけた芸者を待合に呼びます。女中に見番に電話をかけさせる。女中は空いているのにふさがっていると言うことがある。

――意地悪するんですね。

山本　だから客も芸者も女中を手なずける。女中に気に入られなければ芸者はいいお客を世話してもらえない、客も気にいった芸者をくどきおとせない。はじめて枕をかわしたとき芸者は女将《おかみ》にいくら、女中たちにいくら礼をすると永井荷風はこまごま書いています。二回目はむろんそんなには出さない。

妾と二号はどうちがうか

――客も芸者も気をつかいますね。

山本　女中には力がある。ただ悪いのもいればいいのもいる。普段から付け届けをしておく。料理は料理屋からとる、また料理屋で宴会をすました客が二次会で待合に行くことが多い。ここでも芸者は酌するだけです。

――芸者のお猪口《ちょこ》はあるんですか。

山本 ない。

――じゃあお客のお猪口を使うんですか。

山本 お流れを頂戴するっていうんです。飲んだら杯洗《はいせん》で洗って返す。紅がつくからちょっとふいて。

――わぁ色っぽい。それからまたお酌するんですか。

山本 そんなにさしつさされつはここではしない。人目がある。杯は目上から目下の人にさす。大会社は今でもそうです。年功序列で、下役が社長におひとつどうぞなんて言わない。

――山本さんに「まあどうぞ」って注いだらいけないんですか。

山本 出版社なんて堅気じゃないからいい。ただ手酌というのはしません。芸者が「おひとつ」ってすすめる。

――芸者はいいんですか。

山本 だって給仕だよ。

――宴会は楽しかったですか？

山本 嫌でした。盃の献酬《けんしゅう》っていやなもんでした。だからパーティになったのです。それから勘定。大会社は年に二回、盆暮に巻紙に筆で長々と書いた勘定書きが届く。会計が控とつきあわせて払う。仲間二、三人の二次会は上役が払うから、下っぱは勘定のことなんか念頭にない。それが上役にも移って、共に勘定を忘れて一種の和気の如きが生ずる。原則として誘ったほうが払う。

――じゃあ私が山本さんに一緒に御飯食べに行きましょうって誘ったら、私が払わなくちゃならないいんですか。

山本 それは御馳走してくださいってねだるんです。言葉は今やこういう風に通じなくなった。仲間同士なら割勘だよ、たいてい。

――芸者をやめて堅気に戻る事はあるんですか、それとも一生芸者なんですか。

山本 芸者にも花があるんです。せいぜい二十五、六までに落籍《ひか》されなければもう売れない。

――ひかされない人は?

山本 ばばあ芸者です。

――売れるっていうのは嫁にいくとか、二号さんになるとかっていうことですね。

山本 女郎を女房にする人は明治になってからは稀になりました。坪内逍遙は明治十九年根津の花魁《おいらん》花紫を正式に夫人にして一生添いとげました。芸者を妻にする人は維新前後には沢山いましたがこれも少なくなりました。多く妾にしました。妾と二号はどう違うか。二号はインスタントです。芸者は親に小さいうちに売られたんですから借金がある。売買は女衒《ぜげん》が仲立ちする。女衒は今もいる。うまい事いってスカウトして裏ビデオにださせる。ほら川上慶子嬢(日航機墜落事故の生還者)。あの子は当時、中学生ですよ。あの歳で、群がって来るマスコミ人間は「自分を売物」にしようとしている、現代の女衒だと見抜いていた。退院するとき笑って下さいっていわれてもにこりともしなかった。ほら手があがるようになった、あげて下さいと言っても最後まで半ばしかあげなかった。

――女衒は背中に入墨でもあるんですか。

山本 暗い商売ではあるが悪いばかりじゃできない。東京の芸者が田舎にいくとか、田舎の芸者が東京にくるとか、これ住替えっていうんですよ。これも女衒の仕事です。東京は体が忙しくって、もう少し暇な所へ住替えたい、ひと月に三十日客をとったらこれは娼妓と同じです。芳町では三十座敷とると徳田秋声は「縮図」に書いていた。

――お休みはないんですか。

山本 ただ大阪の娼妓は一晩に一人です。東京は回しといって一晩に何人も客をとります。「五人回し」って落語があるでしょう。

――題だけは聞いたことがあります。

デンポーデンポー千代廼家さん電報

山本 このごろ清く正しく美しく芸者をしてましたっていう人がいるけど、それは嘘つきです。平《ひら》の座敷と陰《かげ》の座敷があって、平の座敷は着飾って給仕をして、酒の相手をする。歌ったり踊ったりする。

――陰の座敷っていうのは？

山本　四畳半に入る事です。だから荷風散人に「四畳半襖の下張り」っていう小説がある。どんな物にも表と裏がある。

――平の座敷と陰の座敷は同じ芸者がつとめるのですか。

山本　芸者にも格がある。売れっ子になったら安売りはしません。けれども平の座敷だけでダイヤモンドは買えません。

――うーん。

山本　ダイヤモンド欲しくなければいいけれど。

――欲しいんですか。

山本　平の座敷で気に入った芸者がいたら、今度は待合から呼ぶ。昭和十年代の向田邦子の「あ・うん」という小説にそれが出ています。気をつけて読んで下さい。並の月給取水田仙吉が芸者に惚れる、無理算段して料理屋から呼ぶ。すると親友の門倉修造がいう。「おまえ料理屋から呼ぶから金がかかるんだ。相手は芸者だぞ。売りもの買いものだ、待合から呼べ」。

門倉は小さな軍需成金です。遊び人です。洋服は英国屋製で、カフスボタンは何とかで、コードバンの靴を履いている。コードバンは昭和十年頃大流行した。りゅうとしたなりしてる。

ところが不景気の時代は、料理屋が客を泊めるようになる。職分を侵すんです。するとその筋に密告するものがある。客をとってるという投書があると調べない訳にはいかない。申し訳でも乗りこむ。警察手帳を振りかざして、どんどんどんと戸を叩いて、「でんぽー、でんぽー、千代廼家《ちよのや》さん電報」。何ごとかと開けると「臨検《りんけん》」と叫んで、まず下駄箱開けて、何人客があるか見る、階段をかけ上がる。たいがい博打《ばくち》うってる。

――いやに詳しいですね。山本さんも現場を押さえられた事があるんじゃないですか？

山本　ぼくはバクチはやりません。だけどそういう暗い所がない大都会はありません。麻雀だって賭けなければ面白くありません。ゴルフもそうです。「緑の待合」って言われました。そこで取引きをする。わざと負けて莫大な金をやります。賄賂です。

――私だってわざとだとは思いたくない。

山本　芸娼妓は戦前までは官許でした。人間の住む町々には必ず花柳界がありました。柳橋、新橋、赤坂は三大花街《かがい》でした、ほかにあちら芳町《よしちょう》人形町での芳町、神楽坂、湯島、田村隆一が生れた大塚、日本中どこにも三業地はありましたが、今は息もたえだえです。

ひとり向島だけが大繁昌しています。戦前は町工場の主人が遊んだような場末の三業地でした。それが一流になったのは向島には知恵者がいて、アルバイトを雇って着物を着せお酌をさせ、そのなかに本職の芸者をまぜたんです。新橋や赤坂では百人二百人の宴会はできません、それだけの芸者がいません、それに今の客はキヨモトとトキワズの区別もつきません、何年かたったらアルバイトが本職になって若返っていよいよ繁昌しました、浅草が遅ればせながらまねしていますが成功とまではいかないようです。

僕の知識はすべて「最後のひと」（文春文庫）を書くためにものの本で調べたものです。花柳界百年をさかのぼって調べました。名妓伝はいくらでもあります。たとえば「洗い髪のおつま」。明治二十年代の売れっ子でした。プロマイドの写真を撮りにいくとき、時間がないから洗い髪のまま撮ったらそれが大受けで、たぶん伝説でしょうが、洗い髪のおつまと異名をとるようになった。当時芸者の人気は映画スターも宝塚も及ばないようなものでした。プロマイドを一回とると百円になる。どんな借金があったって返せます。

照葉のデビューは明治末年です。大阪の芸者で情人のために指を詰《つ》めた。まだ数え十六ですよ。昔は男のために指を詰めるのは美談でした。明治四十年になると美談でなくなるんです。こんなところへも大正デモクラシーです。

――明治なのに大正デモクラシーですか？

山本　あなた、何度言わせるんですか、分らない人だな。ものは突然出てくるんじゃない。大正デモクラシーは大正に改まったから出てきたんじゃない。明治半ばからその兆《きざ》しがあって明治の末年には芸者にまで及んだんです。照葉はみんなが褒めてくれると思ったのに、末恐ろしい娘だということになった。そこで東京に住みかえて、たちまち売れっ子になる、あるとき洗い髪のおつまと同じ座敷に出た。照葉十六、七、おつま四十、見ると人間の目方がちがう、あたりを払うおもむきがある、客も居ずまいを正すようだ、若い芸者がたばになっても敵《かな》わない。

おつまは芸者であることを少しも恥じてない。これは「たけくらべ」(明治28年)の大黒屋の美登利も同じ。小学校を卒業したらおいらんになるときまった身の上を美登利はちっとも恥じてない。この二十年にこれだけの変化がある。

樋谷繁雄さんは浅草の花柳界のまん真ん中で生まれた。のち東京工業大学の教授で、私の熱心な読者で、何かあるとすぐ速達をよこす、両隣が芸者屋の大工の倅ですからこの世界の裏も表も知りつくしてる。だから大嫌いなんです、ああいうそでかためた世界をほとんど憎んでいました。正義漢で、熱血漢でした。これが昭和初年の豊田正子の時代になるとまた別で、芸者になり手がなくなります。カフェー全盛になったからです。昭和十年、豊田正子は叔母さんに連れられて写真館で写真を撮る、母は正子を芸者に売るつもりです。でも器量が悪いから落第しちゃった。

——それも悲しい。豊田さんって誰ですか?

山本　鈴木三重吉《みえきち》の「赤い鳥」の「綴方教室」で有名になった天才といわれた少女です。綴方が中央公論社から一冊になって、高峰秀子が豊田正子に扮して、徳川夢声がお父つぁんで、ブリキ屋の豊田由五郎になって映画にもなった。

——その人は芸者にはならなかったんですね。

山本　昭和になるともうなり手が少なくなった。だから向島の芸者に綺麗な着物を着せて里がえりさせる。貧乏人の子は羨む。だけど時代ってのは恐ろしいもので、片っ方にカフェーがある。カフェーは何もできなくていい。芸者はお稽古しなくちゃならない。最低でも三味線が弾けて、歌えて、踊れなくちゃ。できなければころび芸者専門です。

――娼妓同然てことですか。

山本　加賀で芸者をしていた人の聞き書きを読んだことがある。そこでは芸者と娼妓の二枚鑑札を持った妓がいる。売れっ子芸者がどうしてもあの客はいやだっていうと、その妓が身がわりに出てくれるんです。その土地では芸者は娼妓を軽蔑してない、これがいいところです。東京では軽蔑する、出る座敷も違えば、衣裳もちがう。だって何もできないんだから同じ座敷に出るっていうことはまあない、だけど顔も知らないっていうのは、嘘ですよ。自分の身代りになる女を見たこともないって言うのはあんまりです。

――照葉はどうなったんですか。

山本　照葉の話はあとでする、照葉は完全な現代っ子ですよ。それから赤坂に萬龍《まんりゅう》っていう芸者がいた。萬龍は帝大出の学士、恒川陽一郎に恋し恋され一緒になる。そのとき身の回りのダイヤモンド貴金属を全部売る。おつまは自分が醜業婦だという自覚がない。萬龍にはその自覚がある。これが大きな違いです。わずか十年で変わった。萬龍は赤坂の春本っていう芸者屋に妓籍《ぎせき》がある。春本は智恵者で、見込みのありそうな娘はみんな養女にする。三十六人も養女にした。住替えの時には養父母の承諾が要るからです。萬龍も養女です。一緒になるなら、三万円よこせ。少しまける、それでも二万です。そんな大金、恒川陽一郎の家では出せない。萬龍は申訳ないって、自分の持っているもの、ダイヤをはじめ貴金属には嫌な思い出がある、萬龍は心底足を洗いたい、だから惜しげもなく売り払った。このとき数え二十歳、満十九です。

——その歳でえらいなあ。

山本 だから四年間で読み書き算盤《そろばん》ができて、客商売ができて、芝居を見てれば人倫五常は身につくんです。芝居は全部勧善懲悪です。

——私カンゼンチョウアクを完全にチョーワルイことだと思ってました。

山本 へーっきもをつぶした、それでもあなたはぼくの「最後のひと」を読んでいるから今までの話分ったでしょうけれど、読んでない読者には飛躍がありすぎて分りにくいと反省しました。

——とんではねるのが何より自慢にしても、はねすぎましたね。赤坂の芸者屋春本が芸者を三十六人も養女にしたのはなぜか、分りませんよ。「最後のひと」は幸田文《あや》さんを素人代表、蔦《つた》の家《や》の女あるじを玄人代表として花柳界百年を語った物語でしたね。

山本 なるべくダブらないように心がけたのがあだになった。あんたがたセックスに関する字句には好奇心がなかったの。字引で性に関する言葉引いたことないの。

——ありません。学校で男の子たちが騒いでた時に、のぞきこんだこともあります。

昔はこれを咳唾珠《がいだたま》を成すと言った

山本　花柳界ってのは、一方で、意地と張り、義理と人情、着飾って美しい世界ですが、一方ではうそでかためたまっ暗な世界です。それは、企業でも銀行でも同じことです。だから清く正しく美しい世界だと言いはるのです。新聞は高位高官の収賄を悪しざまに書くけれど、我々もそこへ坐れば必ず同じことをする。新聞はそれをあばいて直《ちょく》となす、束《つか》の間ではあるけれど読者を正義漢にしてタダで喜ばす、これを迎合《げいごう》と僕は呼びます。人間なんていやなものだなあと、あなたはこのまんま写せばいいんですよ。あんまり何度も言ったので、さながら文章になった(笑)。昔はこれを「がいだたまをなす」と言いました。

――財が玉を成す？

山本　が・い・だ。咳《せき》と唾《つば》。字引に出てます。いまちょっと自慢したところ、分らなけりゃ自慢にもなりゃしない。ところで身請《みう》けって分った？　落籍《らくせき》と言って、妓籍を抜かないと、妾にも堅気のおかみさんにもなれない。妓籍を抜くから落籍。

――落籍と「旦那が三人いる」というのは、どう違うんですか。

山本　落籍《ひか》されてもまだ芸者で出てる間は内緒《ないしょ》で旦那を三人とる女もある。落籍されて芸者じゃなくなったら、女房でも妾でも旦那一人のものになる。

売るものが体だからね、公然の秘密でも面と向っては言わない。正式に落籍された妾はどんなに別嬪でも、本妻《ほんさい》には頭が上らない。本妻は表向き焼餅は焼かない。妾は権妻《ごんさい》といって妻君に次ぐ存在で、明治の初めまで法律で保護されていた。その習慣は大正の初年まで残っていました。

―― エッ、保護されてたんですか？

山本 先祖代々の家が大事だからです。本妻に男の子がいないと家が絶えるから、妾が産んだ男の子に継がせる。だから必ずしも不道徳《アンモラル》じゃない。明治天皇にも側室がいました。昭和天皇になって一夫一婦になりました。いま困ってます。妓籍を根から引抜くから、根引、またひかすと言いました。明治の末ごろ並で千円。一流で五千円が相場だったとものの本にあります。親元身請けといって実の親が娘を身請けしたいと言えば、さんざ働かせたのだから千円はとれない。娘を売った親にそんな金はない、女衒《ぜげん》にそそのかされて安く身請けして、ほかの土地に高く売る、女衒は両方から口きき料がとれる。

―― どのくらいとるんですか。

山本 知らない。これで春本《はるもと》が三十六人も養女にしたわけが分ったでしょう。戸籍上養女にしてしまえば実の親は何の権利もなくなる。萬龍《まんりゅう》は春本の養女で赤坂切っての売れっ子でまだはたちです、春本の女将いわく、これから稼いでもらうところだから一万円だせと言う。法外だから新聞に出た。法律では養女は何人以上いけないときまってない。たいてい二、三人なのに三十六人とは新聞でも赤坂でもあんまりだと評判は悪かった。

――エッ新聞？　ああ「都新聞」ですね。

山本　よく知ってたね（笑）。朝日新聞読んでるふりして、実は都新聞読んでる人が大ぜいいました。

そういや先日、新橋演舞場で「東《あずま》をどり」があっただろ。あの衣裳や、客に出す弁当は、昔は旦那が持つものでした。切符は売るものじゃなく、差上げるものでした。子供のおさらい会もそうでしょう。今は旦那がいないからね。「旦那の滅亡」という題で書いたことがある。みんな税制のせいです。相撲の贔屓も個人から法人に移りました。

前にも言ったが、洗い髪のおつまも、「たけくらべ」の美登利も、芸娼妓になることを恥じてない。それからわずか十年あまりで萬龍は恥じてます。時代が変ったのです。萬龍が利発だったからだけじゃない。大正デモクラシーです。ウーマンリブです。ほぼ同時に幸徳秋水、堺利彦の社会主義が出て来ました。おつまたちの旧道徳は根強いけれど、時代の力も強い。

日本一の花魁《おいらん》、入山形《いりやまがた》に二つ星、松の太夫といわれて、あれほど女郎の誇りだった花魁道中を、大正八年だったかな、打掛《うちかけ》と衣裳で何貫目、櫛笄《くしこうがい》が何十本、あれで道中するなんて苦痛以外の何ものでもないって、警察に訴えて出たものがあります。デモクラシーは明治末年萬龍に及んだと言ったけど、大正半ばには女郎にも及んだのです。

――一度でいいから、花魁の格好してみたい。豪勢な衣裳を着て、八文字を踏んでみたい。

山本　美登利は進んで花魁になったけれど、昭和になるともうならない。だから女衒は全国から娘を集めなければならなくなった。花柳界が斜陽になるのは震災後で、焼残った町の花柳界が何とか営業していた所へ、大阪から大カフエーが進出してきました。なぜ女給になるかというと、芸者は便所でしゃがめないくらい厳しい稽古をしなきゃなれないのに、女給は何ひとつ芸がなくてなれたからだとは言いましたね。

—— 林芙美子も平林たい子も昨日までの素人が、いきなり女給になったと聞きました。

山本 本当なら女中になるはずの素人が女給になった。だから東京中の女中が払底したのです。一大事です。地方出身の人は国許から女中を呼んで来た。元首相佐藤栄作の家では戦後まで行儀見習志望の女中に困らなかったそうです。田舎のない東京ものはそうはいかない。桂庵《けいあん》(慶庵)に頼んだ。桂庵は口銭《こうせん》を取って奉公人を世話する稼業だったが、昭和十年頃営利目的の周旋業は禁じられました。いま職業安定所、当時職業紹介所は無料になったのはいいが、それがよく機能しないことはご承知の通りです。

——「ハローワーク」のことですか。私達が退職させられたら行く所です。

山本 いくら美々しく着飾っても、芸者は素人には頭があがりません。色を売る商売だからです。晴れて素人になっても、「それ者《しゃ》(玄人)あがり」といってうしろ指さされました。着物の着つけ、帯の締め方で分る。下町では下町は粋《いき》で山の手は野暮と言った。山の手では下町は下品で山の手は上品といった。山の手代表は東山千栄子、下町代表はちょっと違うけれど沢村貞子でしょうか。

——山本さんも下町代表です。生れは下谷区中根岸六十四番地。

山本　六十九番地です。

——失礼しました。

山本　根岸は下町の裕福な商家の寮があったところで正しくは下町とはいえません。昭和五年少年の私は湯島の「魚十《うおじゆう》」という名のある料理屋に武林無想庵につれられてあがった。魚十の五十あまりの女将はほとんど意味のないことをしゃべりながら、私たちはじめての客ふたりを何者かとうかがっています。

こちら六代目（菊五郎）に似てらっしゃる。どこぞでお目にかかったことがあるような、と当りさわりのないことを立て続けにさながら歌うようにとめどなくしゃべり続けます。それは一種音楽的で、やがてこうして芸者が来るまでをつないでいるのだな、並の客ならこれを聞いているうちに浮きたってくる、遊興の気分になるのだなと分ります。

これはカフェーの女給にはできない芸です。呉服屋の番頭なら母娘《おやこ》の客に「ご姉妹《きようだい》かと思った」と言う。片腹いたい、見えすいた世辞だとは思っても、いやな心持はしない。商売人は人間ってものを知っています。これは紋切形ではあるけれど、山の手人種には言えない。山の手は武家の流れをくんでいます、金銭をいやしむ風がある、空《から》世辞を言うまいとする。言わないでいると言葉は錆びつきます。本当にご姉妹かと思った時にその言葉が出てきません。それがあなた方です。なが年学校教育をうけたせいです。大学はもと武士の失地回復するための学校だから、金銭をいやしみます。

――「室内」の原稿料は高いと驚く人がいました。私達の給料まで多いかと誤解されて、何度か誤りを正したことがあります。

山本 講談社以下、一流出版社は社員の給金ばかり高くて、原稿料はいまだに雀の涙です。その誤解はもっともです。

私は今日から十六夜《いざよい》です

山本 明治大正の花柳界で忘れちゃいけないものに救世軍がある。今は年末の募金運動の社会鍋くらいしか知られていないけれど。

――神田の救世軍ビルなら知ってます。軍隊と関係があったんですか。

山本 全くありません。山室《やまむろ》軍平が創業者で生涯総裁で、社会運動をしていた。今すぐかけこめ、あなたがたは自由廃業できるんですぞ、と救世軍は遊廓にビラをまいた。

――女郎屋はヤクザ者を雇って救世軍とわたり合ったと、何かで読みました。

山本 僕の本（「最後のひと」）で読んだのだよ（失笑）。廃娼運動といって、娼妓を自由解放する法が明治五年に出ている。それを楯《たて》に救世軍が熱心に活動した。

――ボランティア活動ですか。

山本 宗教運動の一種です。売笑は法に背いている。正面から警察に乗りこまれたら、解放しないわけにいかない。そこで女郎屋はヤクザ者を雇って、救世軍士官を二、三十人でとりかこんで打つ蹴るの乱暴を働いた。殺しては不利になるから半殺しにした、士官はなすにまかせて、脱出して警察にかけこんだ。そのころが救世軍の花でした。こうして救世軍は女郎を自由廃業させた。

――廃業した女郎はその後どうなったんですか。

山本　行くところがないんだよ。自分を売った親もとへは帰れない。吉原へは戻れない。こっそり名もない私娼窟へ行く。私娼は安く遊べるから、吉原は客を奪われる。石川啄木がよく遊んだ浅草の十二階下は吉原に近い私娼窟だったから、震災で焼けたのを幸い吉原は警察を動かして追いはらった、これがのちの玉の井です。荷風散人（永井）の「濹東綺譚」は昭和ひと桁の玉の井が舞台です。吉行淳之介、安岡章太郎のは戦後の玉の井です。玉の井はついこの間まであったのです。

――山本さんは行かなかったんですか。

山本　行きません。女郎はたいがい病気持ちです。芸娼妓をヒロインにした「花柳小説」は美化してその背後に隠然《いんぜん》としてひかえている病魔と遊興費のことは書かないけれど、森鷗外は「ヰタ・セクスアリス」に病気のことを書いています。志賀直哉と里見弴も書いています。ただし芸娼妓の揚代《あげだい》（料金）がいくらかは書いていません。代金は先払いかあと払いか、盆暮の二回か書くと女を買ったことになって、恋し恋された小説でなくなるからです。

娼妓は年《ねん》があけても帰るところがありません。遣手婆《やりてばばあ》になって廓に残るのが多いのです。まだ三十にならないのがいます。

—— えっ、それじゃ私が吉原に行ったら遣手婆ですか。

山本 明治三十三年の都新聞に、吉原の年始広告が大きく出てます。新年の御慶《ぎょけい》めでたく申し納め候　新吉原大文字楼と大書《たいしょ》して、花鳥《かちょう》、右近、小式部、初紫、十六夜《いざよい》、誰袖《たがそで》。花魁の源氏名が連名で出ています。はじめ花魁の名は源氏物語からとったから源氏名といったのです。芸者の名は芸名、玉菊、小りん、秀駒など一段落ちる。いまバーのホステスやソープ嬢の名を源氏名というのは誤りです。志賀直哉の敵娼《あいかた》は大巻《おおまき》、森田草平のそれは薄氷《うすらい》。髙尾太夫の名は名高くなりすぎて「留《と》め名」になってしまいました。

—— それにしても床しい名ばかりですね。本名はクマとかヨネかもしれないのに。そうだ、編集部でも源氏名をつけたらどうでしょう。私は何がいいかな。十六夜《いざよい》か誰袖《たがそで》か（笑）。

山本 名は実の賓《ひん》という、床しい名をつけると実物も床しくなるかもしれない。

—— うれしいっ。

山本 明治四十年代になると吉原の広告は小さくなって新橋赤坂の芸者連中の広告が大きくなります。昭和になると両方ともなくなります。これで花柳界の消長が分ります。

待合政治はなくならない

山本　だけどね、売れっ子になれば前回の照葉みたいにプロマイド一枚撮影すれば百円になる。二千円の前借《ぜんしゃく》——何だそれっぽっちと言うようになる。

——待合政治はどうなったんでしょう。

山本　待たせて悪かったな。料亭ってのは、実は待合が化けた名なんです。芸者屋と待合と割烹料理屋が集まる一郭が三業地だとは前に言いましたね。戦後進駐軍に、待合は売笑婦の巣窟《そうくつ》だと密告するものがあった。アメリカだって売笑婦は山ほどいます。けれども表向きはいないことになっている。ところがわが待合は公然とある。ピューリタンの進駐軍はけしからんと禁じようとします。待合は恐れて、急いで名を料亭と改め、ただの宴会場のふりをして、実体は依然として待合だったので、久保田万太郎は憎んで生涯この言葉を使わないぞとちかいました。

——私は料亭は高級な料理屋のことだと思っていました。小唄勝太郎、市丸、テレビに出てくるのはみんなお婆さんでしたから芸者はもともとお婆さんだと思っていました。

山本　あれは「なつメロ」だからだよ。戦後昭和二十年代の神楽坂はん子あたりで芸者の歌い手は終りました。万太郎がいくら怒っても待合の名は復活しません。電話帳まで待合の項目を廃して料亭に改めました。

――待合はいつまで営業してたんですか。

山本 今でも営業してるよ。「吉原大工」といって、待合は客同士が鉢合せしないように迷路のような普請になっている。芸者達の唯一の取柄《とりえ》は座敷の話は絶対に外に漏らさない、だから待合政治が成り立った。

かりにむかし政友会と民政党の代議士が同じ待合を使っていたと思《おぼ》しめせ、芸者の口から座敷の話が漏れたとするとその待合は双方の客を失うから話は漏れる心配はなかった。また知らなかった。芸者同士が廊下ですれちがうこともなかった。ちょっとはばかりに立とうとすると女中が今ふさがっていますととめて、一人をやりすごす。

――宇野もと首相のスキャンダルは漏れましたね。

山本 指三本で別れたというあれ？　三百万円とはケチだという報道は矛盾している、三千万円が相場だというのか。あんな女三十万でも多いんじゃないか。いずれにせよ芸者の口から秘密が漏れたとは前代未聞だ。これで待合政治は終った。完全な死語になったわけだ。その前に待合の下足番から来客の名が漏れたことがあった。あのころから待合の信用はなくなって、宇野騒動でとどめをさされたわけだ。

――いまはどこで密談しているのでしょう。

山本 さあ、ひょっとすると向島かな。ひとり向島だけ繁昌していると前回言ったが、あそこも接待が禁じられて不景気だと新聞に出ていた。

――めでたく待合政治は終ったのですね。

山本　昭和五十年代「文藝春秋」に花柳小説が書かない暗い部分を少し書いたら、今は女中とマンションで暮しているもと赤坂の芸者が、あたしの話を聞いてくれ、あんなものじゃない、男も女もその待合ではケダモノになりますと再三再四会いたいと言ってきました。

赤坂なら虎ノ門と目と鼻の所だからある午後尋ねたら、きれいごとばかりで行った甲斐がない、それでも本が出たとき寄贈したら、あたしの言ったことがみんな書いてある、言わないことまで書いてある、昔の朋輩《ほうばい》にすすめて読ませていますと大そうな喜びよう、礼の電話をくれたのでけげんにたえなかったがあとで「ははあ」と合点《がてん》した。尋ねて行ったときは当然初対面です、電話でそれも夜聞けばよかった、顔が見えなければ存分な話ができただろう、テレクラというのはこれだなとはじめて合点《がてん》したのだが、あとの祭でした。

――待合政治はなくならないと仰有るのですか。

山本　それに代るものになってあるよ、人間がいるかぎりあるよ。元禄までの吉原、明治までの新橋、赤坂はうそでかためた西洋のサロンに似たものだと思えばいい。人が人であるかぎり社会主義国だろうと資本主義国だろうと、なくならないと思いますよ。

・・・芸　人・・・

山本　今日は「芸人」の話をしたい。これまで、折にふれて登場した芸人の話をまとめてしたい。相撲とりや野球選手もタレントという芸人です。清水幾太郎は私は文章を書く芸人だと言った。タレントとしてのアトリエ建築家についても言及したい。

――それなら「室内」におあつらえむきのテーマです。脱線したらご注意します。

山本　芸人の代表は役者でしょう。役者の人気者は大金をかせぎます。それでもむかしは「錦着て蒲団の上の乞食かな」と言われていたことはご存じですね。

――ご存じです（笑）。

山本　藤山寛美（昭和4年生）は自分は芸人だという自覚があったまあ最後の役者でした。もう一人勝新太郎もそうでした。だからその死は惜しまれました。

――今どきそんな区別があるのですか。

山本　あるとも。

いっぽう着物や髪型、言葉の流行のすべては花柳界（芸者の世界）と梨園《りえん》（俳優の世界）から出て、大衆の憧れの的でした。芸者と役者は兄弟のような仲でした。千両役者は素人が一生かかっても稼《かせ》げない大金を稼ぎました。一方で卑しめ一方で憧れる。大正の大地震で焼けるまで、大歌舞伎には「芸人控所《ひかえじょ》」と書いた部屋がありました。里見弴の小説中で発見しました。「芸能人」は昭和になってから言いだした言葉です。古今亭志ん生は噺家《はなしか》であって落語家ではありません。芸人であって芸能人ではありません。これだけで芸人の明治百年が分るでしょう。

——千両役者は本当に千両とってたんでしょうか。

山本　ひと興行千両でしょう。月給や年俸じゃないでしょう。その興行が終ると一銭も収入がなくなるが、人気者はひっぱりだこです。昭和戦前エノケンはひと興行何千円もとったそうですが、弟子の給金はエノケン持ちです。年中中央の大劇場ばかりに出ているわけにいかないから、体があかないように、旅回りもしました。

——子供の頃、うちの田舎に美空ひばりが来たことがあります。

山本　そりゃ行くよ。ひばりならよく来てくれたと言われるけれど、バーブ佐竹（女心の唄でヒット）なら、田舎回りしかできないから来たと言われる。それでも芸人三日やったらやめられません。泥水稼業ですから、バーブ佐竹は〽心変りが切なくて……といまだに歌っているはずです。勝美茂（仮名）はうそかまことかカムバックできると言われて、足手まといになった情人を殺しました。

——誰ですか、その人？

山本　二人とも三十年あまり前の売れっ子の歌い手です。芸人は売れれば大金を稼ぐけど、人気を失えばたちまち忘れられ洟《はな》も引っかけられない。相撲とりを芸人の代表だと思えば早分りです。十両から幕内、前頭筆頭から三役と日の出の勢いの時は贔屓《ひいき》の旦那がいくらでもつく。けれどもひとたび怪我すると、旦那は見舞いにきて、再起できないと見てとると去って次の日の出の勢いの贔屓になる。力士の人格の贔屓になったわけじゃない、日の出の勢いの贔屓になったのです。だから力士は退院してももと贔屓を訪ねない。訪ねて来られても旦那はあわせる顔の持ちあわせがありません。もっとも、なかには廃業してもめんどう見て、焼鳥屋なんかの店を持たしてくれる旦那もいた。

――ちゃんこ鍋じゃないんですか。

山本　それは戦後です。ちゃんこ鍋は力士の食い物で料理とは言えない。戦前は焼鳥屋でした。それも花柳界のなかに店をもたせる。芸者と力士は仲間だから、芸者はその四股名《しこな》をまだおぼえていて来てくれるんです。店の名は平仮名で「すもうとり」。

役者はよろしく不品行なるべし。家柄、系図を重んずべし。交際《つきあい》ははでにすべし。階級を厳《げん》にすべしと永井荷風は書きました。まことにこの数行に尽きています。役者が素人に区別されたのはアウト・ローだったからで、また進んで女に買われたからです。

女郎も芸者も憂さばらしに人気俳優を買ったのです。「役者買い」といって人気役者を買うのは芸者の名誉で、あの役者を買うほどの芸者ならオレも買いたいという客があらわれて、芸者の人気は一段とあがったのです。

――へーえ、そんなこととは知りませんでした。みんな初耳です。

山本　場所は芝居茶屋を利用しました。明治四十四年帝劇ができるまで芝居のよい切符は芝居茶屋でしか買えませんでした。幕間《まくあい》は一時間から二時間あって客は酒を飲んだり入浴したり弁当を使ったりしました。華族富豪の夫人令嬢はこの二時間に役者と戯れました。明治の上流の屋敷は千坪以上あります。妻妾同居といっても棟は違います。小間使にも手をつけます。淫《いん》靡《び》な空気には幼少からなれています。役者買いが行われるゆえんです。だから芸人の女房は芸者に限ったのです。人気役者ならたえず座敷がかかります。座敷に平《ひら》の座敷と陰《かげ》の座敷があることは花柳界のくだりで述べました。亭主に座敷がかかったのを喜んで送りださなければならないのが、芸人の女房です。故に玄人《くろうと》でなければつとまらないのに戦後はこの約束が崩れました。

素人が芸人の女房になるようになったのです。花柳界は亡びました。だからごたごたが絶えないのです。野球選手はハタチそこそこで億という金をとります。その金は零細な入場料のつもりつもったものです。贔屓の旦那が亡びて零細化したのです。

民主主義は嫉妬の解放をもたらします。自分たちが人気者にして、それが増長すると一挙にたたきおとして大衆は快をむさぼります。まことに人は醜聞が好きです。今後とも醜聞は絶えないでしょう。

――思いもかけないことを仰有る、みんな客が悪いとは知りませんでした。

差をつけなければ生きられない

山本　あらゆる芸はもとはといえば大道芸から出発しました。両国回向院《えこういん》の相撲は「晴天十日」でした。雨が降れば休み。能・狂言を駆逐したのは歌舞伎です。江戸を制するものは全国を制します。津々浦々《つつうらうら》に芝居小屋ができました（四国の金丸座にその名残あり）。明治大正期に浄瑠璃を駆逐したのは浪花節でした。

――浪花節って、浪曲のことですね。

山本　そうかい、今は浪曲っていうのかい。浪花節は言語が明瞭です。テーマは「君には忠、親には孝」です。明治初年までは門付でしたが天才あらわれ……。

――興行師は売れるとみれば何にでもとびつきます。歌舞伎座という檜舞台にナントカ雲助を出して大成功したという話はいつぞやうかがいました。

山本　雲助はカゴかき（笑）。桃中軒雲右衛門です。吉田奈良丸と共に一世を風靡した浪花節語りです。九代目團十郎はインテリ好きで、歌舞伎の地位をあげようと躍起《やっき》になっていたのに、浪花節語りを同じ舞台にのせた、そんな舞台はふめないと怒った。仲にはいる人がいて、舞台に鉋をかけることで収めました。

九代目は丈《せい》の低い人だったとこれは僕は母から聞きました。それが舞台を圧して大きく見える。なぜか。顔が大きいから（笑）。歌舞伎俳優は顔が大きくなきゃ引き立ちません。昭和十年、先々代鴈治郎を歌舞伎座のロビーで見ましたが、グロテスクなほど大きな顔で、いかにもと思いました。石川五右衛門で名高い延若《えんじゃく》もそうでした。いわゆる役者顔です。

――もとはといえば歌舞伎だって大昔は屋外の芸だったのに、浪花節をバカにする。どんな時でも人は人を見くださなければいられないのですね。

山本　そうさ。幸福というのは人と比べていくらかましだと思うことだからね。昔新宿の女郎は品川の女郎を魚くさいとバカにした。

能、狂言、舞は戦国時代でも武士のたしなみでした。茶の湯もそうです。明治大正になってもひとかどの実業家、三井の大番頭益田孝、原三渓、松永安左衛門、くだって小林一三だって茶人でした。

――お茶って芸なんですか？

山本　教養だろう。今そのたしなみさえも失われました。お侍はただ剣術が強いだけでは一介の武弁《ぶべん》といって、馬鹿にされた。舞とか謡、茶の湯などの心得がないといけない。茶室は社交の場でした。

ところで芝居は取締りが厳しかった。出雲のお国は女歌舞伎でしたが、売笑するといって禁じられました。

――それはずいぶん昔の話です（笑）。

山本　江戸時代の初めだから、ほんの四百年前だ。それで男が女を演じるようになって、世界でも類のない芝居になった。男が演じる女形の方が、本ものの女より女らしい。芝居は、最初はみんな新作でした。曾根崎で心中があった、網島でもあったと聞くと、すぐ駈けつけて芝居にした。狂言が当たると忽ち全国で演じられたから、いい脚本は洗練されて残った。つまらないきわものはすぐ捨てられあとかたもない。

歴史なんかじゃない、講談だよ

山本　芝居は大勢で演じるが講談落語は一人で大勢を演じる。旧幕のころは江戸中に寄席は二百軒、明治になっても百軒あったという（のちに映画館になったと思えば分ろう）。上野の鈴本、人形町の末広みたいな歴とした寄席ばかりじゃない、長屋をぶち抜いたような席が多かった。落語の「三軒長屋」は右にトビの頭《かしら》、まんなかに伊勢屋の妾《めかけ》、左にやっとう（撃剣）の師範が住んでいる。これで長屋にも上中下があることが分る。林家正蔵（のち彦六）は死ぬまで下谷の長屋に住んでいた。これは「室内」グラビアで紹介した。上の部の長屋でした。

清水幾太郎さんは、もと社会主義のリーダーだった人だけれど、実は寄席育ちだったと、これも言いましたね。もと徳川家の直参《じきさん》が微禄《びろく》して日本橋から本所まで追いつめられ、そこで震災にあって家がつぶれた。屋根に穴があいて、家の中から青空がかすかに見えたその話を「室内」の対談でしてもらった。ていねいな男のございますことばをつかうので恐縮しました。純粋な東京弁です。下町にも当然貧富があります。表店《おもてだな》と裏店《うらだな》があって、東京弁というとすぐ「べらぼうめ」なんて言うが大店《おおだな》ではあんな言葉は決して使いません。言葉にもむろん上中下があります。

たとえ小さな寄席でも百軒あれば、芸人はその十倍として千人いる。寄席は十日目ごとに変わるから、一流の芸人でも一流の席ばかりに出るわけにはいかない。場末の小さな席にも出ます。だから本所に住んでいても一流の芸人の芸に接しられます。寄席の木戸銭は芝居とくらべればはるかに安い。

――今でも安いです。

山本　寄席の芸人は貧乏だけれど、芸だけが命で、夢寐《むび》にも忘れない。彼らはいよいよ食べられないと、太鼓持ち（幇間《ほうかん》）になった。噺家と太鼓持ちは兄弟です。または芸ごとの女師匠と夫婦になった。その貧乏ぶりはこの世のものではない。志ん生はなめくじ長屋にタダで住まわせてもらっていた。のちに六代目菊五郎の作者になった宇野信夫は、慶応の学生時代から戦争まで親の情けで浅草の橋場《はしば》に一軒借りて暮していた。売れない芸人の一人と友になったら、あとからあとから仲間をつれてくる、なかに若い頃の志ん生もいた。みんなひとかどの芸人なんだけど、鈴本や末広からは声がかからない。それだけ芸のレベルが高かったのだろう。また運てものもあらぁな、ろくに場末の席にも出られない。

百軒の寄席のなかには、釈場《しゃくば》といって講談だけの席がある。落語の席は女子供の客が中心で、男は釈場に行った。まず軍談、次いで白浪《しらなみ》もの（泥棒の話）。

――それから毒婦もの。

山本 よく覚えたな。毒婦といえば夜嵐お絹、高橋お伝。怪談なら牡丹燈籠《どうろう》に四谷怪談。真景累《かさね》が淵。

――怪談は円朝の十八番《おはこ》。あれは落語じゃないんですか。

山本 人情噺だろう、落語は笑い話。落語も講談もだんだん衰えて同じ席でやるようになった。昭和十年前後僕の頃は釈場は神田に一軒、小柳亭だけになっていたけれど、講釈師はまだ百人二百人はいた。

――若手で一龍斎貞山の弟子に貞鳳《ていほう》って人がいましたね。

山本 講談を見かぎって議員になった。「講談師ただいま二十四人」という本を書いた。とうとう二十四人になったんだね。ところが今は、神田紅など女の講釈師もいて、すこし盛り返している。

――西洋のシェークスピアが文化遺産なら、歌舞伎講談落語だって文化遺産ですよね。

山本 そうだとも。日本人は木戸銭を払って寄席に笑いを買いに行った。そんな国民ほかにいません。日本の英雄豪傑は、全部講談で覚えた。あなた方が物を識らないのは、講談が滅びたからです。日吉丸だって知らないだろ。

――知ってますよ！

山本　じゃあの子（通りかかった若い編集部員）に聞いてみよう。日吉丸知ってる？
――エッ（と考える）。
山本　蜂須賀小六は？
――えーと、日本史は苦手だったので……。
山本　日本史じゃないよ、講談だよ（笑）。
――芸人は祝儀不祝儀のお座敷に呼ばれることもあったと聞きました。
山本　婚礼をはじめ金持の祝いの席に呼ばれた。昭和初年は桂文楽とか金語楼だね。金語楼は古典をやらずに新作、ことに「ヘイタイ落語」で人気絶頂だった。百面相みたいな顔をすることでも評判で、ために「金語楼は顔を使う。あれは落語じゃない」と陰で悪く言われた。昭和十年代に、一座敷百円だったというから金語楼は憎まれた。

テレビは人をもてあそぶ

山本　古い話ばかりで分りにくくないか。
――いえ初耳のことばかりで勉強になります。
山本　じゃ今度は新しい話、新は旧から出ていることが分るよ。
――何でも学問だと思ってます。
山本　昭和四十六年、上月晃《こうづきのぼる》（当時29）というもと宝塚のスターに、女性ファンが会社の金を着服してうち千万円以上のプレゼントをした。露見して上月も調べられたが、何をもらったかおぼえてないと答えて、世間の堅気にうそつけと言われました。千万円のプレゼントをされておぼえてないはずがないと堅気は思うがスターはおぼえてない。

——ほんとですか、信じられません。

山本 いちいちおぼえているならスターではありません。

力士に限らず芸人にカムバックということはないのが本当です。歌い手の勝美茂（仮名）はそのないカムバックをあると思って、邪魔になった情婦を殺した。美川憲一はカムバックしたのではない。今の若者は美川の名なんか知らない。へんな中年の新人が出てきたと思っただけです。それをスターだとみる中年の女にとってはスターです。客は貸したと思っても芸人ならもらったと思う。よしんば拝借と言ったとしても、それはただ言うだけでもらったのです。

だから勝新太郎や藤山寛美は芸人のカガミなのです。芸人の生まれぞこない金をためという言葉ならまだ生きている。彼は昔の彼である。別段芸が上達したわけでもないのに風の吹き回しで売れだして、金も仕事もどしどしはいるようになった。あぶく銭です。だからその日にはいった金はその日に使ってしまわなければよい芸人ではないのです。

タキシーに乗って運転手に「勝さんですね、テレビ見てます」と言われたら、メートルが千円台のところでも一万円与えなければならない。勝に言わせればどうしてタキシーの運転手がおれの見物でなくて、だれがおれの見物だというのか。あの運転手はさすが勝新だと至るところで吹聴《ふいちょう》してくれるだろう。

芸人は堅気の二倍払ったのでは払ったことにならない。五倍十倍払ってさすがはスターだといわれるのです。だから今はいった金を使うのではない。明日はいる金も使う、はいるあてのない金まで使ってはじめて一流の芸人なのです。そして生きて盛んなうちはだれも催促しない。死んだら「貸しくだされ」といって香典がわりにくれる。

私はいまでも力士が素人と結婚するのはまちがいだと思っている。さりとて花柳界はなくなってしまった。そして芸人であれ堅気であれ人は度しがたいほど醜聞好きです。私も好きだからテレビは朝しか見ない。テレビはタダだから毎日醜聞を提供しなければならない、醜聞がなければ作ってでも提供しなければならない。百万視聴者の機嫌をとるには作らないわけにはいかない。

今のファンは昔のパトロンではない。自分たちがスターに祭りあげておいて、ひとたびスキャンダルの主《ぬし》だときまると敵側に回って袋だたきにする。芸人もさるもの、ふだんは名士に似たものに化けているが、いざとなると芸人の本性をあらわして互に話して話しあいなんかつかないのです。

アトリエ建築家は営業部を持て

――前に出た芸人の鑑札の話、面白かったけど、よく分らないところがありました。

山本　一等から八等くらいまであったらしい。たぶん能、狂言が一等、歌舞伎は三等から六等まで、歴史の古い順です。新劇や流行歌手はどこに入れていいか分らないから八等にいれた(らしい)。

「遊芸稼人《ゆうげいかせぎにん》」という鑑札を受けないと舞台に立てない。淡谷のり子は芸術家のつもりだったのに、この鑑札を受けたと後年語った。新劇の杉村春子も瀧沢修も鑑札を受けたはずなのにそれを正直に言ったのは淡谷のり子だけだった。寄席の芸人なんかそんなことものともしない。遊芸稼人と道化手踊りとどう違うのか僕は知らない。芸人は鑑札の等級によって年に三円か五円の税金をとられた。それ以外は無税。自転車にはついこの間まで鑑札税がありましたがこれは廃止になりました。

明治以前は芸人から税金をとる発想がなかった。当然です。男が女を演じて女以上に女に見せるんだから、魔ものです。税金なんかとってはいけない。

――今ならタレントもスポーツ選手も高額納税者です。

山本　そもそも毎年長者番付を新聞が書くのは、嫉妬心を煽《あお》るためです。松本清張や森村誠一が手取りを書いてくれと怒ったけれど、それをしたら聞くも涙の物語になるから書かない。当時年に一億円稼ぐと予定納税までいれると九千万はとられた。

醜業婦、暴力団、泥棒から税金を取っちゃいけない。取ったら、その存在(?)を国家が認めたことになる。ところが暴力団が経営している株式会社でも、会社なら税金をとっていい、とるべきだ、もしその利が悪事を働いて得た利なら、あとで返せばいいという発想がある。

——本当に返すんですか。

山本 返すでしょ。けれども返させるのは警察の仕事で税務署の仕事じゃない。

——そろそろタレントの建てた豪邸の話をして下さい。

山本 そうだったね。十年も前に、誰だったか売れっ子の歌い手の家を偶然テレビで見て、その趣味の悪いこと、成金以下でした。テレビのタレントは、そもそもどんな家がいい家か知らない、友なるタレントが新築すると負けずに建てる。なぜ建築家はアプローチしないか。ひとり戦前戦後の吉田五十八は新数寄屋で売出した。なにより高い設計料をとった、吉田さんに頼むときはその覚悟で頼んだ、ひと目で吉田五十八設計と分った。小林古径、川合玉堂、梅原龍三郎、吉屋信子等、もっぱら有名人の家を建て、それを見て感心したものが争って設計を依頼した。いま建築学科の優等生はゼネコンに就職する。建築界にも賞はあっても、新聞にも出ない。したがって受賞したからといって売れない。

それにしてもテレビがタレントの家を豪邸とか御殿とかいっておだてるのにはあきれる。戦後五十年日本住宅は古いイメージを失って新しいイメージを得ない。誰かがいい家を作れば、他は真似する、どうせまねの世の中です。その真似が素人にも及べば住宅はすこしはましになるかもしれない。誇り高いアトリエ建築家はアルティストだから商売は不向きだろう。それならタレントのすべてがプロの営業部に属しているように、営業部員を育ててはどうか。

・・・社会主義・・・

山本　文春新書「誰か『戦前』を知らないか」の巻頭に「大正（ご遠慮）デモクラシー」をとりあげながら、今まで「社会主義」を候補にもあげなかったのは何ごとでしょう。こんな巨大なテーマを忘れるとは。

――私が悪いんでしょうか。みんな忘れていましたけど。

山本　悪いとも。戦前戦後六十年以上、インテリを捕えて放さなかったのは社会主義ですぞ。あんたがた全部がノンポリでも、あんたがたの兄弟姉妹、父祖《ふそ》で社会主義の影響をうけなかったものはないはずです。

――私たちはうけてませんけど。

山本　そりゃ悪かった。君たち女子大生はまるごとノンポリの時代に育ったんだな。けれどもげんに「日の丸」と「君が代」で板ばさみになった校長が自殺している、いたる処でこぜりあいがある。甲子園の高校野球の開会式では、大きな日の丸の旗が出て君が代が奏せられる。見ると生徒の口は開いてない。歌詞を知らないのだ。

――だから法制化されたと聞きました。

山本　ひとごとみたいだな。日の丸君が代騒ぎはまだまだ続くよ。それというのも公立の中学高校には「日教組」育ちの先生が多くいて、君が代を歌わせる卒業式には出ない、生徒も出さない、PTAも日教組育ちだから先生の尻おしする、ノンポリは黙っている。ノンポリは存在しているけれど沈黙しているから存在してない。新聞社、文部省をはじめ諸官庁の係長クラス以上はみな社会主義の影響下にある。ないのは君たちだけなのはいいが、無関心なのはジャーナリストじゃないね。

――そうでしたか。

山本　まあいい。東京の流行はいずれ全国に及ぶ。みんなノンポリになる日は近いだろう。実を言うと社会主義は僕の手に余るから黙っていた。文献は汗牛充棟《かんぎゅうじゅうとう》、難解晦渋《かいじゅう》、あんなもの何より日本語じゃない。日本語でないものは僕は読まない。NHKの「週刊こどもニュース」じゃないがひと言で言え、言う義務がある。そこで僕の見た社会主義を語ってその全体、盛衰に及びたい。社会主義早わかりだ。

――わーッ、それなら大賛成。そう言や大学にはいまだに「立看《たてかん》」が立っています。

山本　あれは学生が自治会費を握っているかぎり立ってると仄聞《そくぶん》した。今やごく少数派だ、誰も見てないことは彼らも知っている。

――それなら自治会費をとりあげればいい。

山本　それが出来ない。教授陣にも進歩派とシンパがいる。それはさておき僕の社会主義早分りをひとことで言えば、社会主義には正義がある、資本主義には正義がない。大正デモクラシーにあきたりない全国の学生が、正義になびいたのはもっともです。再三で恐縮だがプルードン（１８０９―１８６５）自ら問うて、私有財産とは何か――Qu'est-ce que la Propriété?《ケスクラプロプリエテ》財産は盗みだと答えている。

――そう言やそんな気がします。

インテリを支配して半世紀

山本　こんな俗耳《ぞくじ》にはいりやすい名文句はない。これなら匹夫匹婦《ひっぷひっぷ》にも分る。昔は百人のうちの九十九人は貧乏だった。ひとり王侯貴族とその取巻き、富豪搢紳《しんしん》だけ栄耀栄華《えいようえいが》を極めていた。暖衣飽食、酒池肉林《しゅちにくりん》、助平のかぎりを尽していた。ローマ以来食い物を捨てる国は滅びている。故に百年に一度、二百年に一度革命家があらわれ王様を斃《たお》して、自分が王様になった、両三年たたないうちに前の王侯貴族がやった同じ贅沢のかぎり、助平のかぎりを尽した。大衆は食うや食わずであること昔と同じ、再び三たび革命家があらわれこの王制を倒して自分が王様になって、全く同じことを繰返すことシナもヨーロッパも同じ、こうして人類は今日まで何千年間健康を保ってきた。故に健康というものはイヤなものだとは僕の持論で耳にたこができているはず。

――先回りして仰有いましたね。健康というものはイヤなものだというところが難解でしたが、こう再三だと少しはかぶれて分るようになりました。分って受売りすると怪しまれます。あんまりうまくない受売りですから。

山本　僕の受売りはよしたほうがいい。戦前風に言えば嫁にもらい手がなくなる。自給自足時代の貧乏なんてたかが知れてる。そこへ産業革命だ。機械じかけの新手《あらて》の貧乏だ、新しい王様の新しい搾取《さくしゅ》だ、イギリスの搾取ぶりは、いまだに語り草になっている。持てる者から奪って持たざる者に平等に分配するなんて福音です。この考えは脈々といまも生きてる。財産があったら相続税に二代目は半分とられる、三代目は一文なしになると聞いたことがあるでしょう。これは社会主義の考えで、いくらあなたがノンポリだって税制は免れません。

――そんな財産、ないからいいけど。

山本　手短に片づけましょう。護憲《ごけん》といって社会主義政党は憲法を不磨《ふま》の大典にしている。このごろ読売新聞は「憲法改正試案」を発表しているが、朝日その他諸新聞は完全に黙殺しています。いまだに護憲です。改憲を言うのはながい間タブーでした。軍備の放棄、非武装中立、自衛隊を認めるか否か、エネルギー政策としての原子力を認めるか、韓国を認めるか、北朝鮮を認めるか。ついこの間まで社会党は韓国はアメリカの傀儡《かいらい》政権だから国家として認めていなかった、北朝鮮だけを認めていた。

――それは存じませんでした。

本当は属国になりたいのだ

山本 あからさまには言わないようにしていたから、知らなかったのでしょう。僕は「世間知らずの高枕」と書いたけれど日本人は安眠しすぎましたよ。北朝鮮の戦艦三隻が東京湾内に侵入して空砲三発をうったら、自衛隊は専守防衛だから、どうすべきか上役に電話した上で出動するか。バカバカしい。三十六計逃げるにしかず、戦意喪失というより、はじめから戦意なんかありませんよ。

―― どうしてですか。

山本 あれは軍隊じゃありませんよ。つい十年前まで税金ドロボーでした、憲法違反でした。これだけ侮辱されたものが、国民のために死んでくれると思うのですか。図々しい。

―― 思いません。

山本 国民の支持と敬意をうけない軍隊は軍隊ではありません。いま自衛隊を認めていいという気運があるのは、天災地変にかけつけて、助けに来てくれるのは自衛隊だけ、しかもタダだから認めてもいいなんてこんな侮辱は又とありません。人は侮辱したつもりがなく侮辱していることがしばしばある、想像力の欠如《けつじょ》です。

―― そんなこと思ってもいませんでした。

山本 正直なのはむしろ共産党です。もし共産党が天下をとったら直ちに憲法改正するでしょう。国民皆兵にするかもしれません。そしてロシアまたは中国に占領されて、組閣の大命を拝受して、首相に任じられて喜んで閣僚になるでしょうと書いたことがあります。「どっちへころんでも属国」。

——なんだかそんな気がしてきました。

山本 そうでしょう。日本はアメリカの属国なのです。どこに他国の軍隊に守ってもらっている独立国があるでしょう。それを独立国だと五十年国民をあざむいてきたのです、そもそも僕の見たところでは独立の気概は初めからなかった。マッカーサーが免職になって帰国するとき、沿道の市民は別れを惜しんだ、「マッカーサー元帥ばんざい」を叫ぶ者さえいた。わが同胞はアメリカでなければ社会主義国の属国になりたかったのです。

——なぜこんなことになったのでしょう。

山本 「どうしてそんなに謝るの」「税金ドロボーにも言わせてくれ」と僕さんざ書いたよ。かりにも国家が国家から借金して利子も払わないでなお貸す義務があると威張って言うのは、軍隊がないからです。自衛隊が軍隊でないことは諸外国の方がよく知っています。新聞は左派のシンパの巣窟《そうくつ》です、陛下にお詫びの言葉がなかったと書きました。

僕が初めて見た共産党員は渡辺政之輔、鍋山貞親、佐野学以下四百余人の顔写真が新聞二ページに出たときです。皆々わざと無精髭を生やさせ、その上で撮った写真だと中学一年になっていた僕にはすぐ分った。いかにも不逞《ふてい》な人相に見えた。佐野学以下の幹部の名もその時覚えました。それまでは社会主義者を大衆はただ「主義者」と呼んで恐れていた。共産主義者との区別もつかなかった。アナ（キスト）とボル（シェヴィキ）の争いものちに知った。やがて大衆はアカと呼ぶようになった。

正義と聞いたら気をつけろ

——いまはアカと言いませんね。

山本　アカにはいやな思い出がある、小林多喜二は警察内で拷問の末殺された。いっぽう小林多喜二は親孝行で名高い。話は明治の昔に遡《さかのぼ》るが孝行で思いだした。大逆事件の幸徳秋水は中江兆民《ちょうみん》の高弟で、弟子はたいてい不肖なのに、秋水は兆民の教養を全部受けついで、はじめ文章家として知られた。渡米して主義者として無政府主義に近い初期社会主義に傾倒しています。いっぽう田中正造は足尾銅山の鉱毒を国会で訴え続けて甲斐ないと知って、この上は明治天皇に直訴《じきそ》するよりほかないと、暮夜《ぼや》ひそかに秋水の門をたたいて直訴状を書いてくれと頼みます。社会主義者としてではなく文章家としての秋水に頼んでいるのです。そのころは詩人でなく小説家でなく文章家という人がいたのです。田中だって国会議員です。文章は書けますが陛下に奉る文はまた格別です。時は明治三十四年です。秋水は田中に請われて斎戒沐浴《さいかいもくよく》した上で執筆します。

なぜこんなこと思いだしたかというと一つは社会主義と陛下との間、また秋水は堺利彦（枯《こ》川《せん》）と主義者として同志です、明治四十三年秋水は「大逆事件」で連座して翌年死刑に処せられます。刑が決まったあと土佐からはるばる老母が別れに来ます。涙一滴こぼさずお前も体を大切にな、と言いおいて帰ってまもなく病死します。秋水は牢中で堺に大逆事件にオレは無実だ、けれどもこれまでの親不孝を思えばその罪万死《ばんし》に値する、死刑になってもいいよと言って刑に服したと伝えられます。古くは吉田松陰、近くは幸徳秋水、小林多喜二たち革命家と孝行は両立していたと言いたかったのです。儒教はまだ死んでいなかったのです。多喜二以後親孝行は絶えました。僕自身に忠孝が全くないから察しられるのです。

社会主義は次第に共産主義に接近します。渡辺政之輔の名をおぼえているのはその劇的な最期によってです。渡辺は当時共産党委員長でした。ソ連のコミンテルン（共産党本部）から多額の軍資金をもらっています。同志と共に浅草や日本橋の待合を転々とすること三・一五事件から五カ月間芸者をあげて遊蕩した詳細を立花隆は調べあげて書いています。渡辺政之輔は台湾基隆《キールン》港まで逃れ、岸壁に追いつめられて拳銃で反撃、もはやこれまでと己が頭部を射抜いて自殺をとげます。

維新の志士も花魁《おいらん》や芸者をあげて遊び、なかには助けられてのちに夫婦になったものも多くいます。軍資金は藩から出ていたのでしょう。大杉栄も時々大金をもらってきます。同志は後藤新平からもらっていると噂しました。資本家と革命家はつながっているのです。革命は正義です。正義のためには敵側から金をもらってもいいのです。

——山本さんは正義と良心がお嫌いでしたね。

山本 よく言ってくれました。正義と良心（的）くらいいやなものはありません。五・一五、二・二六事件の青年将校を見玉え、彼らは正義と良心のかたまりですよ。正義だから老翁犬養毅、高橋是清を「撃て」と命じて殺すことができたのです。

——話し合いはしないんですか

山本 あっ、その話し合いも大嫌いな言葉です。犬養翁は「まあ靴くらいぬいだらどうだ」「話せば分る」と土足《どそく》を見て言います。青年将校は「問答無用だ、撃て」と命じます。自分は正義だと思えばこんなこと当り前です。青年将校は社会主義者ではないが、これが浅間山荘の赤軍派になると同志を殺します。ふつう革命が成功してから殺すのに、成功しないうちに殺した例です。

——手に汗にぎって私たちは見物したんですね。

山本 あれは安全地帯で見物できる人生無上のスペクタクルです。警官でも赤軍派でもどっちでもいい、血だるまになって息たえる瞬間をリアルタイムで見たいんです。ビデオではいけないのです。すでに死んだものの死体は見るに値しないのです。我々はそういう邪悪な存在なのです。清く正しく美しい存在だなんて思っちゃいけません。

——ポル・ポト政権は何百万人殺したと言いますね。

山本 スターリンは共に革命した同志のほぼ全員を殺しました。独裁者になるにはまず有力な同志を粛清しなければなりません。ジノヴィエフ、ブハーリン、ルイコフ、ラデック以下僕でさえ知っている革命の功労者をトロツキストの汚名をきせて粛清しました。

――どうして「話し合い」しなかったのですか。

山本　巨頭の談合ですか。独裁者になりたいもの同士が談合できるわけないじゃありませんか。粛清あるのみです。プロレタリア独裁どころかスターリン独裁です。あんたがたの知らない権力欲というものが我々のなかには潜伏《せんぷく》しているのです。受賞の見込みのないときは、賞を貰いたがる者を嗤《わら》うことができます。受賞の見込みが生じると沈黙して、いよいよ受賞すると莞爾《かんじ》とするのが人間の常だとはいつぞや言いました。権力欲もそうです。無縁なうちはあると自分でも思わなかったのに、その座に近づくと無二の友を殺すに至るのがこれまた人間の常なのです。漢の高祖《こうそ》は韓信を殺しました。頼朝は義経を殺しました。

――これじゃひとにぎりの王侯貴族の我儘勝手のほうがまだいいのじゃありませんか。

山本　社会主義には正義があるが資本主義にはないと言いましたね。その資本主義が我々にふさわしいとようやく人類は気がついたようです。内需拡大といって金を使わせて不況を脱しようとする、使わせるには金を与えなければならない、失業者を減らさなければならない、減税しなければならない。産業革命直後のような搾取に次ぐ搾取をもってしては資本が大量生産したものを買う力が生じません。だから買えるだけの金を与えなければなりません。もと首相池田勇人は所得倍増――十年後には国民の所得を二倍にしてみせる、私はうそを申しませんと言ったが、十年どころか三年か五年で倍増してしまった。冬暖かく夏涼しい古人が考えもしなかった極楽に我々は今いるのです。僕はこんな極楽を信じない、テレビは百害あって一利ないと言い続けている。それを納得させることはできるが、テレビを取りあげることは出来ない。それなら原爆許すまじなんてたわごとです、みんな資本主義の悪のおかげです。悪は突然善に転じるものだと高い月謝を払ってようやく気がついたのです。けれども恐るべきはやはり正義です。

持てるものから奪って持たないものに平等に分配するなんてこの上ない美名です。若者が魅せられたのは当然です。昭和初年はインテリ（かりに大卒者とします）はまだ少数で、青白いインテリと大人たち（主に商工業者）にバカにされていました。それは誤りでした、そのインテリが官僚、マスコミ人、小中学校の教師ことに大学教授になって天下を支配するようになったのです。軍国少年に育てたのも彼らでした、学級崩壊とやらに育てたのも彼らです。新しい正義を発見するのも彼らです。

――21世紀は来ないと仰有るゆえんですね。

山本　ああ来ないよ。人間は時間と空間を絶無にしようとして、絶無に近くした。それでも紙一重《ひとえ》の時空はあるよ。人間はそれさえなくそうとまだする。一方同じ知恵は原爆をいよいよ原爆にして戦争を不可能にした。あれは抑止力になっています。けれどもそこに潜在しているのは昔ながらの野蛮人です、色と欲、嫉妬、残忍、酷薄のかたまりです。知恵あるものは知恵で滅びます。

——それを防ぐ手だてはないんですか。

山本　ない。その時空をなくしたのは夫子《ふうし》自身だから自業自得《じごうじとく》なのです。

・・・奉公人・・・

山本　諸君諸嬢は「奉公人」と聞くと何を思い浮かべるか。

――　だしぬけにびっくりするじゃありませんか（笑）。エーと、私どもは奉公人でしょうか。

山本　昔ならそうです。

――　奉公人といえば、女中、丁稚、小僧。お休みがなかった、給金が安かった……。

山本　本物の女中や小僧は見たことないでしょう。奉公人は今は死語ですが、昔からある言葉だからイメージだけ残っている。けれどそれは実際とは違っている。今日はそのお話。

奉公人という言葉は戦後は半ば使うことを禁じられています。テレビや映画に登場する奉公人は、みじめなことばかり強調するから、イメージが固まりました。「女工哀史」や「野麦峠」のせいだな。奉公人の休みは藪入りといって、正月とお盆の年に二回だけというのは幕末まで。明治になると、何でも西洋の真似して、「官」は土曜は半ドンといって午後を休んだ。週休といって毎日曜休んだ。「民」に倣えと模範を示したが、貧しくてなかなか休めない。次第に「公休日」をつくって休むようになった。床屋は月曜日、質屋は十日と二十日が休みでした。

やっと戦後になって休みだしたら今度は休みすぎ、銀行は大晦日まで休むようになった。奉公人だって藪入りだけなんてことはない。

――官が模範を示し次第に民が追いついたというわけですか。

山本 そうだよ。情報は正しく伝わらないものです。女工達が温泉場で勢揃いしている写真なら見たことがあるでしょう。大正の第一次大戦後の好景気の時には女工の引抜きがあった。家を建てた女工もいると読んだ。産業革命以来、先進諸国は少年少女の労働力まで必要としました。わが国でも明治時代は官庁や大会社では小僧と言わずに給仕と言いました。商店は遅れてまだ丁稚小僧でした。奉公人です。小僧と給仕はちょっと違う。新聞社の給仕（こどもといった）が出世して記者になったという話は聞かない。商店の小僧は手代番頭と進み、無事に勤めあげれば「のれん分け」してもらって店が持てた。前途がありました。

――給仕って小説によく出てきますね。

歓迎　小僧さんご一行様

山本 有志は夜学にいきました。たしか「路傍の石」の主人公がそうでした。

――山本周五郎！（と自信ありげ）

山本 山本有三です。商店にもピンからキリまであって、三越や髙島屋は次第に小店員でした。商売屋は昔からお仕着せといって、藪入りには新しい着物を縫ってくれました。実際はもっと休みがあったのに、頭の中に昔の藪入りの記憶が残ってる。だから昭和の藪入りの写真はたいていやらせです。

その証拠に、都新聞（いま東京新聞）が明治の末に小僧の遠足を企画したら、大成功でした。都新聞は株屋と花柳界と商店の新聞なのに、主人が奉公人を遠足に出してくれないかと案じたけれど、予想に反して集まった。長谷川伸と平山蘆江《ろこう》は当時青年記者でした。行き先は江の島。二人は手に手に用意の旗を持って一行が通ったら振ってやって下さいと家々に頼んで歩いた。いい話だろ。

――歓迎　小僧さんご一行様（笑）。

山本　あくる年も成功して、三回目には女子も募集してこれも大成功でした。「女工哀史」みたいなこともむろんあったけれど、大正時代は小僧もそのくらいは優遇された。ところが参加者が次第に減って、大正末にやめました。会費は九十五銭だったかな、江の島や日光など珍しくない、魅力がなくなったんだってことがこれで分ります。

そうそう昭和十年ごろ僕は偶然浅草の隅田公園で、第七回質屋の小僧の、

――運動会！

山本　よく覚えていてくれました（笑）。これが大正デモクラシーです。

――運動会がデモクラシーなんですか。

山本　そうですよ。平等から出ている。第七回なら、昭和四年からやっていた勘定です。お

休みがないと、奉公人に喜んで働いてもらえなくなりました。

奉公人は万葉の昔からいます。大伴家持の歌に「大君《おおきみ》の邊《へ》にこそ死なめ顧《かえり》みはせじ」。大伴氏は朝廷の奉公人だと分ります。

―― 知りませんでした。それにしても、いきなり万葉に遡《さかのぼ》るなんて遡りすぎじゃありませんか（笑）。

山本 そんなことはない。公家《くげ》も朝廷の臣下です。臣下なら奉公人です。もっとも公家は風流韻《いんじ》事を事としてあまり働かない貴族です。北面《ほくめん》の武士は天子や公家の警護に当る。平氏源氏が登場して、公家達より力を持っても、風流を解さないただの武弁《ぶべん》とあなどられていた。官位も低かったから、武士は公家にあやかって和歌や漢詩を学んだ。八幡太郎義家も歌を詠んだし、義家と戦って屈しなかった陸奥《むつ》の安倍貞任《さだとう》、宗任《むねとう》も詠んだ。貞任は殺され宗任は捕らわれの身となって、京で公家に「お前の国ではこの花を何と言うか」とからかわれて、「わが国の梅の花とは見つれども　大宮人《おおみやびと》はいかが言ふらん」とやりこめた。歌道《かどう》に暗いのはただの弓取り、一介《いっかい》の武弁といつも言うけれど、平安の昔から言われてたんだよ。天子や公家が主人なら、歌が詠めなきゃ奉公人は勤まりません。

―― 私たちは当時の奉公人にも及ばないってわけですか。

山本 戦国乱世の諸大名は謡曲、詩歌、茶の湯のたしなみのないものはなかった。それでいて天皇になろうとする者はなかった。天下を統一して京へのぼり、天子様から征夷大将軍に任じられることだけ願った。

——日本人は皆陛下の奉公人なのですね。

山本 庶民はじかに朝廷の奉公人だなんて思ってやしません。じゃあその存在を知らないかというとよく知っています。「禁裏様《きんりさま》」といって、将軍よりはるか上の「見ると目がつぶれる」存在だと仰ぎ見ていました。

——目がつぶれる存在ですか。

山本 自分達の手が届かない存在があるのは悪いことじゃない。そのくせ天皇にはたかのしれた扶持《ふち》をあてがって、政権は武士が握っていた。権威だけがある朝廷に、武士が平伏するのは悪いことじゃない。両方ひとり占めにしたら、人は何をしでかすか分らない。嘘で固めた世の中だけど、これはよくできた仕組みです。位階は朝廷がくれるもので、自分で勝手に奪えません。

——お茶やお花なら、お免状代をとります。

山本 征夷大将軍の位は買えません。幕府が朝廷に金を出さないのは、出せば朝廷に人材と金が集まって権力が生じるからです。

——そういえば今でも総理大臣になると、陛下から直接任命状みたいなものもらってます。

山本 戦前は官立の学校の教授になると、最初から一番下位の従八位をくれたそうです。明治の初めに死んだ人は、墓に書くべき位階勲等がなくて困った。窮して鹿児島県士族と書いた。

やっぱり肩書が欲しいんです。

――山本さんも欲しいんですか。

山本　くれませんよ（笑）。武家には、奴《やっこ》、中間《ちゅうげん》、折助《おりすけ》という奉公人がいたことは前に言いました。その区別はよく知らない。奴は供揃いの先頭に立って槍を振りますからいい男でなければなりません。〽えーい奴さんどちらへという踊りなら今も寄席で見られます。お供はつらいねと結びます。奴、中間のたぐいは武家の奉公人ではありますが、武士ではありません。したがって忠誠心はありません。戦国乱世の名残です。乱世の武士は、勝つこと、生残ることが第一だから、人質なんていくらでも見殺しにした。主人を殺す下剋上も許された。忠孝といって忠を徳の第一位においたのは平和になった江戸時代からです。ご先祖が槍ひと筋で稼いだ五百石、千石です。お家大事に守っていれば代々五百石千石もらえるから朝晩ご先祖を拝んだのです。身も蓋《ふた》もない話だけど、忠は日本人が、孝は中国人が考え出したもので、本来、禽獣《きんじゅう》に忠孝はありません。現代人は今めでたく禽獣並にもどりました（笑）。

金どんと呼ばないで

山本　いっぽう商人の奉公も、やはり江戸時代の中頃に定着します。主人根性と奉公人根性とがあってね、秀吉と同時代人神谷宗湛《そうたん》と並ぶ博多の豪商島井宗室は、「奉公人はみんなドロボーと思え」と家訓に書いた。

――ひょっとしたら山本さんもそうお思いですか。

山本 ノーコメント(笑)。奉公人の飯には野菜や大麦を混ぜると米の節約になる、旅に出たら宿賃や駄賃を控えておけば、奉公人を使いに出す時に役立つとも書いてる。こんなこと書かなくとも番頭は知っているよ。宗室晩年に書いたものだから、すこしモーロクしてたのかもしれないが、主人根性の一端が分る。今の社訓と違って、昔の家訓はきれいごとでないのがあるから面白い。時代が下って元禄になると、名古屋の水口屋は、下帯《ふんどし》は白に限る、色もの小紋染めは禁ずと書いた。そういう下帯をつけてた奉公人がいたことが分る。島原の乱から元禄まではほぼ五十年しか経っていない。その間に暮らしがいかに贅沢になったか分ります。今が戦後五十五年ですから、ほぼ同じです。五十年とはそういう歳月です。

ほかに読本《よみほん》(小説)を読んではいけない、はやり言葉を使うな、風呂で浄瑠璃を謡うな、とあるかと思うと、幕末の大阪の老舗《しにせ》絵具屋惣兵衛は、夏は昼寝をさせろと書いた。

――アッ覚えています。私達も昼寝をすればいいプランが出てくるのに、と言ったら一蹴されました(笑)。

山本 鴻池《こうのいけ》は「主人は先祖の手代だ」と書いている。故に出来の悪い長男は廃嫡《はいちゃく》して、養子に継がせよ。今の法人の考えです。本業以外に手を出すな、とたいていの家訓は書いている。戦後は本業だけをやっているのは馬鹿だということになったから、「室内」だけをやってるのは……。

——馬鹿ですか（笑）。

山本　以前はよくそう言われた。明治になって武家社会が崩壊して、殿様に対する忠義が失われたので急いで天皇への忠に入替えました。すなわち君には忠、親には孝です。明治天皇は英邁《えいまい》だったのでしばらく成功したかに見えましたが、大正デモクラシーでそれも失われました。いま残っているのは「最後のご奉公」という言葉だけです。僕も近く使おうと思っています（笑）。

——（ポカンとして）誰にご奉公するんですか？

山本　邦家、日本という国にだね。世界は近く滅びます。人はぼんやりそれを知っているがどうにもならない。警世《けいせい》の一文を書きたいが「ギョッとするのは一分間だけ」だからな。僕は昭和初年の職人の年季奉公の印刷した契約書を見たことがある。

——○年間奉公しますと書くんですか？

山本　小学卒十二歳で奉公して兵隊検査までだから、八年くらい奉公して手代《てだい》となった。手代を十年勤めれば独立できた。

——十年働く前に辞めたらどうなるんですか。

山本　奉公人はすべて住込みだからそれまでの食い扶持《ぶち》を返すと契約書には書いてあるが、それは書いてあるだけで、返す親はない。のちのオリエンタル家具の社長故佐々木武志《たけし》さんは火の玉のような少年で、番頭手代の理不尽な「いじめ」なんかに屈しない。奉公先を十回くらい替わっています。契約は印刷してあるだけだったと分ります。ただ花柳界は食い扶持を借金に加算したことは前に言いました。一日いくらで加算したから借金は増えるばかりです。もっとも売れっ妓になれば主人の方が顔色をうかがうようになること今のタレントの世界と同じです。

そうだ、思い出した。昭和三年の岩波書店のストライキ。昭和になっても岩波の小僧は縞の着物に角帯をしめ、会社といわずにお店《たな》と言っていた。その嘆願書に「○どん、と呼ばないこと」という一条があった（笑）。

――可愛い。

山本　小僧は金次郎なら金どん、清二なら清《せい》どんと呼ばれた。岩波はインテリの本をこしらえる本屋だから、○○君と呼ばれたかったのでしょう。だけど下町の小僧は金どんで平気だった。手代になると金さんになる。僕はこの金どんと仲よしだったから知っている。岩波は山の手にかぶれたのだよ。

中卒やあーい高卒やあーい

山本　女中や子守は金を借りずに、ただ口べらしに奉公に出されるようなこともずいぶんありました。別に上流家庭に行儀見習に行く娘もありました。

――分りました。電光のように分りました。いつも貧乏だといわれている文士や画家の家に、たいてい女中がいるのをかねがねフシギに思っていたのが、いま分りました。あれは口べらしだったんですね。

山本　給金なんかなくてもいい。食べられるだけで子守や女中になる子があった。ところが昭和初年からカフェーの全盛時代になります。芸がなくても若くて十人並なら女給はその日からなれます。きものは貸してくれます、ただし無給、チップだけですが、本当は女中にしかなれない娘が皆々女給になった。売れない女給は売れる女給の取巻になってチップの分け前に与かった。場末は場末なりに働ける、女中奉公より自由だからこれ以来女中は払底して今にいたっています。

――個室あり賞与あり夜八時以後は自由時間、とどんな好条件を出しても今はお手伝いさんになり手はありません。なぜでしょう。

山本　何より住込みがいやなのです。これは男も同じです。昭和に入ると自転車が普及して、小僧一人が三人ぶん働けるようになった。自転車は最初は舶来で高価で、金持の遊びだったけれど、第一次世界大戦で輸入が杜絶《とぜつ》するとそれまで売れなかった国産品が爆発的に売れだした、よくなった。舶来のラージ自転車が二百円もしたのに、国産は百円で買えた。

粕谷奎三さんが一人前の建具屋になって独立した時、お祝いに自転車をもらった。その顚末《てんまつ》を「室内」に書いてくれたので「自転車もらって盗まれて」とタイトルつけました。自転車がいかに貴重か、建具屋の小僧と主人の関係はどうだったか、時代が分るいい原稿でした。

――無事、奉公人の話に戻ってよかった。

山本　明治以来、徐々に生活は向上して、店先に「小僧入用」と貼紙をすればすぐに集まったのに、「小店員募集」「女中さん急募」と新聞に広告しても集まらなくなった。小僧も女中も世間が裕福になると、なり手がなくなります。昭和三十年代までは貧乏がありましたが、それでも生活はよくなる前兆がみえます。まず中卒がいなくなる。誰もが高校に行ったからです。中卒がいなくなって一番困ったのは小さな商店です。高校全入と言い出して、今ではもうほぼそうなっています。昭和三十六年に「中卒やあーい、高卒やあーい」と題して「室内室外」に書いたおぼえがあります。

――出久根達郎さんが集団就職で上京したのが、昭和三十四年だそうです。

山本　集団就職の前に、就職列車がありました。昭和三十年代まで買い出しみたいに、商店や町工場のおかみさんが小僧を求めて東北や沖縄まで行ったんです。貯金通帳持ってね。うちで三年働くと、ほらこんなに貯金ができるって見せる。敵もさるもので、じゃあ働かせてもらいますと言って、支度金もらって他へ行っちゃう。これが社会問題になって、特別な列車を出すことになり、就職列車ができた。

――それが集団就職の前身ですか。

山本　集団就職は、中卒で働く子を町々村々から集めて特別列車で上野へ来た。出久根さんは無類の本好きで本屋に就職したつもりで上京したら、月島の古本屋なので失望した。ところがこれが幸いひまで古本は「市《いち》」で商売するものと知った。万巻の書を読破する時間に恵まれて今日《こんにち》あるのはいいが、古本屋なら書く材料に困らないと言う者があるのは誤りです。古本屋の小僧は何万何千人いたか分らないが出久根達郎は一人です。

大会社は集団就職と関係がありません。そのころから中卒をとらなくなりました。銀行は高卒をとったがこれも大卒を多くとるようになりました。集団就職は小僧といって悪ければ小店員を集めたのです。それも昭和四十一年ごろ終わった。それだけ生活は向上したのです。近く全員大卒の社会になる。全員大卒になれば当然程度は低くなる。いま分数ができない大学生がいるが、それどころではない。すでに学級崩壊だそうです。渡部昇一は、今の塾の一部には公立の学校よりはるかにいいのがある、運動会もある、父兄会もある、子供は嬉々として通っている。これを公認して卒業免状をやってはどうかと昔書いた。

……閑話休題、僕が各界名士というのは本気じゃないことはご存じですね。朝日や岩波に原稿を頼まれて朝日や岩波の気にいらないことを書く名士はありません。原稿は掲載されることを欲します。両社が進歩的なら進歩的な原稿を書きます。文化大革命を支持します。林彪が死んだことをかくします。これを迎合と言います。奉公人は少なくとも給金をくれます。各界名士は原稿料はくれても給金はくれませんから無給の奉公人です。

——ではどうしたらいいと仰有るのです。

山本　言葉は二重であるべきです。戦争中陸海軍を礼賛しているようなふりをして、見る人が見れば「ははあ」と分るように書くのです。いつの時代でもそうです。言論は永遠に不自由です。これが言いたくて「奉公人」という一章を書きました。

・・・株式会社・・・

山本　ながくあなたがたと話してきて、僕は反省した。てっきり知ってると思っていたことを全く知らないと発見して、いちいち確かめないと危険だと気がついたのです。あなたがたはわが社に入社したとき株式会社に入社したとお思いでしたか。

——もちろんです。だって株式会社工作社と名乗っているじゃありませんか。

山本　それなら今日は「株式会社」の話をしましょう。小なりといえども、わが社も株式会社ですから、私が経験した株式会社の話をして、全体を察してもらいます。株式会社というのは「法人」です。「個人」ではありません。これはご存知ですね。

——ええ、ぼんやり。

カブなら八百屋で売っている

山本　わが社には株券はないと、再三書いてるのに知らなかったの。

——入社してから知りました。父から初任給で自分の会社の株を買えと、しつこく言われていたんです。で、山本さんに工作社の株はどこで売っているのか聞いたら、「カブ（蕪）なら八百屋で売ってるよ」と笑われました。お忘れでしょうか（笑）。

山本　そう言や、そうでした。お父さんはちゃんとした株式会社の社員だから、まさか娘が入社した会社に株券がないとは思わなかったのでしょう。いま会社といえば大半が株式会社で、まれに有限会社がある。けれど驚くべきことに、日本は株券のない株式会社に満ちている。株式会社とは言い条実は個人なのです。個人で出来ない事業を株主（出資者）を募って資本を大きく事業を大きくして、株主に利益を配当するのが株式会社です。ところが個人が化けた会社は他人の資本がはいるのを喜びません。発言権が生じるからです。また株を買い占め大株主になって社を乗っ取られるかと心配するからです。

――そうだ、もうひとつ笑われたことを思い出しました。一度でいいからハチマキしめてストライキをやってみたいと言ったら、山本さんは「僕も仲間に入れてくれ」とニコニコしてた。じゃ私は誰に対して賃上げ闘争するんですかと聞いたら、「一緒に印刷所に坐りこもう。お茶くらい出してくれるよ」。私が入ったのは実は株式会社じゃなかったと入社三カ月で分りました。でも父はどうしても理解できなくて、一年かかりました。

山本　今どきストライキなんて時代遅れだよ（笑）。わが社は「法人」のふりをしているが、実は「個人」だ。ゆえに社長と呼ぶことを禁じる、姓を呼べ。社員同士の盆暮の進物も禁じる。わが社は現金（小切手）で支払って手形を振出さない。したがって原則として手形を受取らないと、二十五年前「社員心得」（中公文庫「笑わぬでもなし」所収）に書きました。

――それも父は理解しなくて、社員は皆かげで絶対にお中元お歳暮を贈っている、お前一人が贈らないいんじゃないか、なんならうちの分と一緒に山本社長に贈っておこうかと、うるさく言っていました。

山本　株式会社に勤めていても、実体を知らない。知っていても給料が上がるわけじゃないから知ろうとしない。学校の就職課の係は会社＝法人というものを教えてくれません（実はよく知らない）。ただ有名な大会社に周旋《しゅうせん》するだけです。それで終りです。

――今日のお話ももう終りですか（笑）。

法人になれなれとすすめる

山本　工作社は昭和二十五年に市ヶ谷ビルの一室で創業しました。「工作社創立事務所」という看板を掲げて足かけ四年いました。創立事務所と称しながら、実際は本を出して稼いでいました。戦災で火のはいったビルを何とか使えるようにした事務所ですから、税務署もよりつきません。手も回らなかったんでしょう。

――当時は株式会社じゃなかったんですね。

山本　そうだよ。一年たっても二年たっても創立事務所（笑）。

――お得意の「世はいかさま」ですね。

山本　そのくらいの知恵がなきゃ生きていかれません。小住宅設計図集、建具図集を出して、新聞広告さえすれば売れました。建具と大きく書いて、職人でも募集しているのかと見ると、小さく「雛型」と書いてある。

——あれは創立事務所時代の本でしたか。

山本 そうだよ。当時は新聞広告が安かった。本を悪くした一因は広告費です。いま三段八分の一というちっぽけな広告でも百万円はします。百冊しか売れなかったら一冊当たり一万円の広告費になる。千冊で千円、一万冊売れてやっと百円。これでは本の定価を高くするか、売れる本しか作らないようになる。本の定価は当時三百円前後、計算できる人は計算してくれ。当時（昭和25—30年）は同じスペースが五万円、地方の大新聞（北海道新聞、中日新聞）なら一万円、僕は広告大好き人間ですから、毎日のように広告して金がざくざくはいってきました。アルバイトを二人使って一人でやっていました。その頃、よく「法人になりなさい、その説明会に集れ」という勧誘のビラが舞いこみました。

——「『室内』40年」でも読みましたが、一体誰がビラを投げこんだのですか。

山本 税務署のアルバイトでしょう。法人税をとりたいからです。戦前は商人も職人も個人で家業でした。土地さえもっていなければ税金なんか一銭も払っていませんでした。一家が食べるだけの家業、たとえば八百屋魚屋には課税しませんでした。むろん諸君諸嬢から税金なんかとりませんでした。税金は地主と財閥、大企業、個人でも富豪、大金持、中金持からとりました。

——ワァ嬉しい、夢のよう。

山本 喜ぶのは早い。そのかわり、健康保険も年金もない。失業保険その他なんにもない。

——病気になったら、全額自分で払ったんですか。

山本 いまだに職人には「怪我と道具は自分持ち」って言葉が残っている。むろん戦後は健康保険に加入させるようになったが、はじめは保険を断る従業員があった。私は病気はしないからって(笑)。

——私もそうです。断りたい。

山本 給料から天引きで税金を差し引くのは、違法じゃないかと僕は思ってます。

——エッ、私達は初めっから差し引かれています。金額は覚えてませんけど。

山本 むかし小説家の中野重治は、源泉徴収を承知しませんでした。自分で払うから、勝手に天引きしないでくれというのは、アメリカ式です。けれど全部自分で申告するのはめんどうです。月給取が一年五十万円ごまかすのは大変です。やっぱり会社にやってもらおうという人の方が多いでしょう。いっぽう税務署も、一人一人チェックするなら、今のスタッフの五倍十倍の人件費がかかるぞとおどして今日に至りました。自分で計算して払わない限り、税金感覚は生じません。ことあるごとに「国民の血税」と新聞は書きますが、実は国民には血税感覚なんてありません。一億人のプールされた金は誰の金だか分りません。ムダ使いするのはそのせいです。

――税務署のビラの話はどうなりましたか。

山本 個人なら青色申告せよ。有限会社または株式会社にすればどれだけ有利かという講習会の案内でした。だけど税務署があんなに勧めるんだから、税務署が得して国民が損するに決まっているとなかなかなりませんでした、むろん僕はハナっからそう思って講習会にも出ませんでした（笑）。

――それで個人でかせいでいたってわけですね。

山本 そうだよ。個人だとたとえコーヒー一杯でも客のぶんだけしか交際費として認められない。妻子が働いても妻子が商売を手伝うのは当り前だ、給料を払うのは不自然だと認めてくれない。法人には有限会社と株式会社がある。個人の責任は無限だ、法人の責任は有限だ、個人なら親の借金は妻子にまで及ぶ、追及される。有限会社にすれば責任は有限会社という法人にあって個人には及ばない。だから法人になれ。有限会社なら資本金五万円からなれる。客を接待して主客の飲食代は双方とも交際費として落とせる、妻子を取締役にすれば給料も賞与も払える、といいことずくめだとすすめました。

――でも昭和二十五年前後の五万円は大金じゃなかったでしょうか。

山本 全き個人には大金だったから魚屋八百屋には青色申告をすすめました。白色だと見込みで課税される、異議は通りませんよと一方で甘言《かんげん》を弄し、一方でおどすこと五、六年、次第に会社だらけにした。

株式会社は誰のもの

――どうしてそんなに法人にしたがったのでしょう。

山本　戦前は零細な商人からは税金はとれなかった又はとらなかった。法人にして全員から法人税を取るつもりだったのでしょう。

――いま有限会社は稀になりましたが、なぜですか。

山本　資本金五万円では安っぽくみられるからでしょう。いっぽう人は見栄をはる動物です。社長だの専務だのと言われたいのも皆々法人になった一因でした。いま株式会社の資本金は一千万円以上でなければなりません。自分でそそのかして、日本中会社だらけにしておいて今度はなりにくくしています。

――学生時代駅前の文房具屋でアルバイトした時、おばあさんを社長、息子を専務と呼んでいて気味が悪かった覚えがあります。

山本　石を投げると社長にあたると嘲《あざけ》った時代がありました。今はもう社長と呼ばれて喜ぶ人はいません。呼ぶのはポン引きぐらいかな。

――ポン引きって何者ですか。

山本　いい女の子がいますよって袖を引く男です。工作社を株式会社にしたのは、遅れて昭和二十九年十一月でした。商売繁昌してアルバイトではやっていけなくなったからで、虎ノ門

（当時琴平町）に引越したのと同時でした。

――株主総会はしたんですか。

山本　書類の上だけですればいいのです。架空の議事録を作るのが税理士の仕事です。

――嘘でもいいんですか。

山本　政府がすすめたんです。どうせこの世は嘘で固めたところです。朝日新聞は三十年来株のとりっこをして「社史」を出せませんでした。社史を出すならそれに触れないわけにはいかないからです。社長の村山家は大株主だけど、過半数じゃない。村山家に対抗する一派は、社員が持ってる十株二十株を買占めなければなりません。その結果、株を持ってる社員の原稿を「没」にできない（笑）。朝日の左傾の一因です。

――それなら私も工作社の株が欲しい（笑）。

山本　やけに株券にこだわるね。だけど本物の株式会社でも、女子社員は自社株なんか買わなくてもいいんじゃないか。

――また女性差別ですか（笑）。

山本　法人のふりはしているが、僕は最後の個人です。あるいはセミ法人です。我々は何万年来個人でした。だからにわかに法人にはなれないのです。けれど法人だらけになって五十年たつと、法人は確かに存在する。仮にわが社がつぶれても、あなたに金を返せと言ってくる人はいない。その発想がないのは、法人がそれだけ普及したせいです。架空の法人が実在するという法人実在説と、法人非実在説はいまだに争って決着していません。

株式会社でも、オーナーの大半は家業のつもりですから、息子にあとを継がせようとする。社葬が許されるなら、子供の結婚式も実は会社の費用でやりたいと思っていると前に言いました。個人と法人をいかに使い分けるか、日本中の会社は工夫しています。日本の株式会社が本当の株式会社になるのは、まだ歳月を要しましょう。もともとなりたくてなった会社じゃないからね。最初にして最後の問題は株式会社は誰のものかということでしょう。

株主のものだ、オーナーのものだ、従業員のものだ、みんなのものだとこの四つに分れます。アメリカでは株式会社は株主のものです。日本のオーナー社長は自分のものだと思っていますが、一代目オーナーは死にたえました。雇われ社長の任期は短い、故に日本の会社は従業員のものです。たとえばアメリカは軽自動車を製造するなんてわけはない、けれども設備投資をしなければならない。そのため一、二年配当できないかもしれない。配当しない社長は直ちにクビです。

―― それでアメリカは小型車競争で日本に負けたんですね。

山本　日本の会社は従業員のものです。納得すれば一年や二年待ちます。その期間配当はありません。一般株主は配当をあてにせず売買して儲けることしか考えていません。どっちがいいか皆さんお考えください。

政治家よ法人になれ

——株券一枚ない会社は……。

山本 それは何度も言いました。個人が化けたものです。化けの皮はいずれはがれるから、わが社は社長ということを禁じたのです。再び人は何万年来個人でした。

——私は個人でしょうか。

山本 不安そうな顔して、まあセミ個人だね。女は社会的生活をしてなかったから明治大正までは全き個人だった、今は株式会社の一員だからセミだと思っていい。男だって同じだよ。家に帰れば何千年来の個人に返る。僕は「もとの個人にして返せ」と言っている。

——そりゃまたなぜです。

山本 わけは追々話します。戦前は上役が下役を誘ったら勘定は上役が払うにきまっていた。年上が年下を誘ったら年上が払うにきまっていた。下役また年下は勘定のことなんか念頭になく、それが上役にも移って一座は和気のごときものに包まれた。今はいくら若くても社の用で依頼に来ているなら若い方が払う。年長者はそれになれて払うにまかせます。都合のいいことなら年上も年下に習います。そのかわりタキシーの初乗り、一杯のコーヒーにも受取りが要ります。会社は受取を要求します。税務署が要求するからです。

法人は領収書を信じて人間を信じません。初乗り六六〇円にレシートを請求するなんて屈辱だとは思いませんか。

——思います。千円以上なら思いませんが。

山本　レシートを信じて人を信じないのは人間侮蔑です。人間はその侮蔑に値するのでしょうか。値するのです。かくて全日本人はレシートを求めるようになりました。

——医者とタキシーだけは抵抗してながくレシートを出さなかったと聞きましたが。

山本　だれに？

——山本さんに。

山本　町医者は出すと全収入が分って、莫大な税金をとられるから抵抗したのでしょう。十なん年前までは医者はずらりと長者番付に出ていました。そんなにいやなら「法人」になれ、タレントは皆法人になっている。だから長者番付に出ない。たぶん医者も法人になったのでしょう。以来番付に出なくなりました。タキシーがなぜいやがったか分りません。これも今は出します。個人として残っているのは政治家と文士と画家くらいでしょう。

——漫画家はプロダクションという法人の一員になっています。

山本　首相の月給は二百八十万か九十万です。手取り百万余りでしょう。一国の総理大臣をこんな安い月給で雇っちゃいけません、車の運転手一人雇えません。僕は国民のケチなのに驚いています。アメリカの政治家は官費で秘書を二十人雇えるそうです。日本では三人しか雇えません。出すものを出さないと政治はいよいよ腐敗します。出してくれなければ政治家も「法人」になれ。

――それは名案。

山本　総理と大企業の社長の給料はたいてい同額です。したがって女中一人雇えません、社員にして雇っていると聞きました。莫大な交際費は全部社用です。会社は社長以下したっぱの社員にいたるまで全員の食いものといえば聞こえが悪いが、それで生活しているのです。会社は従業員のものである一面です。

重役は任期がすぎれば昔ながらの個人にもどります。お情けで監査役になっている人に辛辣な監査なんかできやしません。会社は会社の全貌を世間に示すものです。そのために公認会計士がいます。ごまかしてはいけないはずがその会社に雇われていてはこれまた厳正にはなれません。

本式の株式会社は株主総会を開く義務があるから開きます。大企業はいいことばかりして大企業になったわけではありません。株主にそこを突かれたら総会は紛糾《ふんきゅう》します。ここに総会屋が出る幕があります。社長の説明のすべてに「異議なし」と叫んでくれれば総会は短時間で片づきます。戦前の総会屋はみじめな存在でしたが、高度成長と共に総会屋も成長して巨大になりました。

――なりすぎて退治できないようですね。

山本　むかし、森脇将光という高利貸は五社も十社もある自分の会社を全部赤字にして税金を免れました。ユーレー（幽霊）会社に支払ったことにした時代もありました。請求書と領収書があれば税務署はだませましたが、税務署もさるものすぐその場で電話するとユーレーだと分ります。今では四、五人の社員がいてユーレーでなくしているようです。当分いたちごっこは続くでしょう。にせ法人の僕は永遠の見物人です。

・・・井戸塀・・・

山本 前回、「政治家よ法人になれ」と書いたら反響しきりでした。週刊新潮の「夏彦の写真コラム」にも書きました。今日は少し詳しく話します。井戸塀大臣って言葉、聞いたことありますか。

――いどべいって誰ですか。

山本 人の名じゃない。ほとんど死語だけど、新聞では時々使っています。茶番という言葉程度には。

――ちょっと待って下さい。字引を引いてみます。「政界に乗り出して私財を失い、井戸と塀しか残らないということ」とあります。

山本 「政治家に聖人君子を求めるな」と前に書いたことがあります。新聞は必ず求めます。役人がビール券を五百枚だか千枚もらっても汚職だと騒ぐけれど、あれは潔白の証拠じゃありませんか。どうしても金をとらないから、せめてビール券でもとってくれ。

――五百枚は多すぎます。

山本 分配してくれと言いたいのでしょう。仮に交通違反の罰金が一万五千円だとすると、

「袖の下」はそれ以下でなければなりません。それ以上なら罰金払ったほうがトクです。ワイロやリベートには限度があって、利益を超えることはないから心配には及ばない。読者はこれを承知しない。政治で億とか兆の金が動くと、我々の金銭感覚とは違うというけれど当り前です。一国の命運を預るんですから、家計簿の金銭感覚と同じわけがない（国の予算を見よ）。女に選挙権を与えてはいけないと言うのはそこです。

―― またそのお話ですか（笑）。井戸塀とどうつながるんですか。

山本 何でもつながる。政治家に潔白を求めると、大金持しか政治家になれない。そのよい例が藤山愛一郎です。彼は明治の大財界人の藤山雷太の長男で、雷太は日本火災、大日本製糖、東京商工会議所会頭をはじめ無数の要職についた。愛一郎は雷太のあとを継いだが、どんな席に出ても「ああ雷太さんのご子息《しそく》ですね」と言われる。言われなくなった時は、雷太の死んだ齢になっていた。えらい父親を持った二代目はそういう憂《う》き目にあいます。昭和三十二年、愛一郎は岸内閣の外相に就任し、以後、本式に選挙に打って出て政治家になり、政治資金に雷太から引きついだ無数の会社を順次手放した。しまいには株や土地、書画骨董まで売払って、残ったのは井戸と塀だけだったというのがこの言葉の由来です。新聞のいう聖人君子が政治家になった最近の例ですが、愛一郎は総理大臣にも自民党総裁にもなれませんでした。

―― やっと井戸塀が登場しましたね。そんなこととはつゆ知りませんでした。本当に井戸と塀しか残らなかったんですか。

山本　もう井戸の時代じゃないが、たとえ話です。政治資金を全部自分で賄ったからといって特別の人気は出なかった。政治家は潔白なだけではなれません。愛一郎は政界に入る時、大《お》宅《や》壮一に「絹のハンケチを雑巾に使うな」と言われました。

――上流階級の人が汚れた仕事をするな、という意味ですか。

山本　よく考えると分りません。まあ、そんなところでしょう。「清濁あわせ呑む」という言葉知ってる？　あれは悪いことをするということです。いいことも悪い事もして、最後にいい方に駆けこむのが、いい政治家です。

――そういえば金権政治家田沼意次が失脚した後で、「白河の清きに魚《うお》のすみかねてもとの濁りの田沼恋しき」って狂歌が流行したと、学校で習いました。

山本　よく覚えていました（笑）。

――珍しくお誉めいただいて恐縮です。

新聞記者にも袖の下を

山本　文化というものは、田沼のような政治をしていた時代つまり濁った時代じゃなきゃ栄えません。松平定信の寛政の改革は田沼前政を否定したものです。いわゆる文化を弾圧しました。幕府を批判したり、開国論また滑稽本、洒落本、ワイ本のたぐいを取締って、手鎖30日の刑に処しました。息もつけない。

政治は汚れたものです、僕は我々人間の肉体を模したものだと見てます。人体は清潔な部分ばかりでは成り立っていません。新聞は自分が信じてもいない潔白を政治家に求めます。それなら藤山愛一郎を支持し応援するがいい。石部金吉《いしべきんきち》を首相にしたらいい。

石部金吉は何もしない人、できない人です。亭主にしても面白くもおかしくもない人です。うそかまことか昔の女はそれを理想にしたが、今は離婚の原因にしかねません。

高位高官の汚職を摘発するのは、読者の百人中九十九人はリベートやワイロをもらう席に坐れなかった人だからです。坐れば必ずとるリベートを、坐らなかったか坐れなかったばっかりに居丈高に責めるのは卑しい人間の常です。新聞が毎朝高官の汚職をあばくのは、百万読者をタダで正義漢にするための迎合だとは僕の繰返していうところです。その高官に小学生の子どもがいたらその日から学校へ行かれなくなるじゃありませんか。転校しても醜聞は追いかけてきます。「少年法」を楯《たて》に新聞は強盗殺人、殺した子の首を校門に掛けた犯人の氏名まであかすなと言います。

嫉妬は常に正義や良心の仮面をかぶって登場します。新聞にその自覚さえないのは、自覚したくないことは見れども見えないからです。テレビは新聞の資本ですから、わが国にはマスコミは一つしかないのです。私がマスコミを賤業だというゆえんです。

――また十八番が出ましたね。「室内」はどうなんです。

山本　同じことです。ただ醜聞を扱わない、金銭に潔白（に近い）という程度です。新聞記者にリベートより袖の下を出せばいいのです。わずかにそれをしたのが田中角栄です。

――新聞記者にワイロをやったんですか。

山本　知らないよ。金じゃなしに、会見のつど福田（赳夫《たけお》）ならサントリーのところ、舶来のウイスキーを出したんだろう。盆暮に高価な品を贈ったんだろう。中元や歳暮はワイロにはならないよ。その程度で角さんだの今太閤だのコンピューター付ブルドーザーだのとほめちぎったのだから、もう少し出したら何を言うか見当がつかない。

――山本さんの写真コラム千回（満二十年）記念のパーティに小渕首相がなが年の一愛読者の資格で参加したいと申込まれた時快諾したんじゃありませんか。

山本　当り前だよ。彼は平《ひら》の代議士時代から訪ねてきている。僕がほめないまでも悪くは言わないと知ってるのが政治家だよ。

その重さはただごとではない

山本　政治は数だから、選挙で何万票も集めるには一人一人に金を使わなきゃいけない。それは出来ない相談だから選挙の票を集めるボスにまとめて委せる。新聞が逸早く当選と書けるのはおかしいじゃないか。僕は見たことないが田舎では選挙はたかるものじゃないのですか。あるいはお祭り。戦前の犬養毅《つよし》や浜口雄幸は、首相にかつぎ出されたとき、「オレは金はできないぞ」と言ったそうです。

かついだ方だってあの顔でカネができないくらい知ってますよ。「ご心配なく機密費の用意があります」と言われて首相になった。味方の代議士各人に与える選挙資金は、その機密費から出しました。機密費というから秘密は許されています。一人五千円（当時）だって、莫大な大金です。犬養、浜口の時代は首相になるのは命がけでした。陸海軍は政党政治の息の根をとめようとしています。新聞はあげて政党を「財閥の走狗《そうく》（犬のこと）利権の亡者」と書きたてます。いつも言うように人は醜聞ほど好きなものはありません。左翼は息をひそめていますが、流言を信じる一人一殺主義の「血盟団」が結成され、現にすでに蔵相井上準之助、三井の團琢磨たち政財界の大立者が、暗殺されています。犬養も浜口も高橋是清も殺されました。寺山修司の歌に「身捨つるほどの祖国はありや」とあるけれど、我々はもはや祖国を失ったんです。人の命は地球より重いと今は言うが、戦前は国のために死んだり殺したりしたのです。

話を機密費に戻すと、政治家が悪事を働いて資金を集めなくてもすむようにしたのは故人の知恵です。

——もとは税金ですか。

山本　当り前です。僕が機密費の存在を知ったのは、「室内」の古い執筆者の飯沢匡《ただす》（故人）さんから聞いたのです。飯沢さんは政界の黒幕といわれた伊沢多喜男（明2〜昭24）の子息で、学生の頃父親から「これを浜口（雄幸）の所へ持っていけ」と持ちおもりのする包みを持たされました。伊沢は浜口と帝大の同窓で、自分は首相にならないが何人も首相を生んだ男です。

包みのなかが札だということは並の重さでないからすぐ分りました。札はただの紙とは違います。それには何百何千人の恨みつらみがこもって、しめっていてその重さは尋常ではありません。それはほとんど肉感的だったと語ったから、僕はまざまざと感じました。

戦前は現金の時代でしたから、機密費の一部はめったな人に持たせられません。書生より息子に命じたのでしょう。金がかからない選挙が理想だけど、それはできない。機密費があっても、それで全部はまかなえない。自分の金も出さなきゃならない。明治の人は士族の心がまだ残っていたから、政治家になる時は無一文になる覚悟でした。その最後が藤山愛一郎だったのでしょう。

—— 今は偉くなろうとか、儲けようと思ってなるのでしょうか。

山本 新聞はそう書いているが思っても見玉え。総理大臣は1億2千万人の運命を背負って立つんだから、よほどの覚悟か、よほどの無神経でなきゃ務まらないよ。大平首相は暗やみから牛を引きだすように「あー、うー」と言ってばかりいると悪く書かれたが、死んだら政界切ってのインテリだと手のうら返してほめた。ほめるなら生きている時もうすこしほめろ。

—— 愛国心があったのでしょうか。

山本 あったと思うよ。カーターはその任でなくてアメリカ大統領になった、一年たらずで髪がまっ白になった。悪評高い中曾根康弘だって、髪のすだれがさらにすだれになった。古人は「牝鶏《ひんけい》晨《あした》す」といった。めんどりが時を報じると家は滅びるってことです。何千年も昔の人は人間をよく見ています。女はデノミすると給金がへるから反対だというと全部の女が雷同する。あなたのような才媛でさえその声に和す（笑）。亭主の月給が上るのは賛成だが、物価が上るのは反対、それが「主婦連」の考えでした。実は男も同じです。

―― エッ、ベースアップと値上げは同じなんですか。

山本 同じです。それなのに、月給が一万円上っても、今まで千円だったパーマが千五百円になった、一事が万事《ばんじ》諸式が上ったから一万円上っても実質五千円だと文句を言うのが、主婦連であなたです。

戦前は家業からは税金をとらなかったと、前回言いました。ところが満洲事変以後、機密費が軍部に渡るようになると、これまでの何倍になってもとても足りません。そもそも秘密の金だから、幾らあって幾ら使ったか誰も知らない。新聞は軍部を恐れて書きません。

―― 分った！ それが今も満洲やインドシナに埋っている関東軍やマレーの虎（山下奉文）の隠し財産ですね。

山本 （うんざりして）知らないよ。話を元に戻すと、大衆からは税金を取らずに、大会社の社員から取るようになった。源泉徴収です。だけど、あなたのように株券もない会社の社員からは取りません。僕は昭和十六年頃、月給二百円でしたが、一銭も取られませんでした。だけど、これが去年だったらなあと思ったことは覚えています。お金の値打ちが下がっていたからです。中規模の会社なら公債を買わされました。賞与をもらうと、中に愛国国債がはいっていた。

――そんなの嫌です。

山本 国債は売ればいいんです。手数料はかかるけど額面で売れます。それでも税金が足りなくて、株式会社になれと言い出した。

――それが前回の「株式会社」ですね。

山本 あれは戦後の話。戦争中は十九万五千円の資本金で株式会社になれと言いました。書類上の株式会社にして、法人税を取って、軍備に使うつもりでしょうが焼け石に水でした。

戦後は主に企業が献金しました。自民党寄りの大会社でも社会党にも献金しました。終戦直後、社会党が息ふき返し、今にも天下をとりそうな勢いで、ためしにやってみろと昭和22年に初めて社会党の片山哲内閣ができました。この時、若き日の鹿内信隆さん（元フジ・サンケイグループ総帥）は、桜田武（当時日清紡社長、のち日経連会長）の配下でした。「ちょっと挨拶に行こう」と誘われて社会党の幹部鈴木茂三郎のところへ、大金を持って行ったんです。財閥が解体され、産業は国営化されるという噂もあって、資本家は企業を守るために必死でした。明治大正の昔だって、大杉栄は後藤新平から金をもらっていたと専らの噂でした。労組や社会党の設立に尽した鈴木文治も、渋沢栄一や吉野作造の支援を受けていた。もっとも鈴木文治は「ダラ幹」（ダラクした幹部）と言われていた。そう言や、あの頃、共産党の読売新聞乗取り事件があった。社員をそそのかしてゼネストをすすめ、米よこせ、給料上げろと騒ぎたて、紙面は共産党一色に染まっていました。反共の人を社長にすえて、ようやく落着くまで数カ月かかり、主義者達は次は朝日新聞だと言って去って行きました。

革命というものは食べられる限りおこりません。飢えは革命の味方です。今にも革命がおこりそうな気運でも農村は動きませんでした。財界は政界のあらゆる党とつながりを持たなきゃなりません。財界はいつ社会党の天下になってもいいように政治献金しておくんです。いま日本では食べ物を捨てています。そういう国は革命はおきないかわりに亡びます。やっぱり二十一世紀は来ない、と今回も言っておきます。

——でもあと一年です（笑）。

山本　一年たっても来ません。分らない人だな（笑）。この場合21世紀は近未来ということで、浮世のことを笑いにしたのは江戸の人の知恵です。たとえば役人はワイロを取るものだ、責めるは野暮だ、いくら取替えても同じことだと言った。「役人の子はニギニギをすぐ覚え」なんて、洋の東西を問わず誰でもすぐ分って笑います。

奢侈《しゃし》物品税というものがあった

山本　も一つ重大なこと言い忘れるところだった。戦争中の昭和十二年に、戦費を調達するために考えだされた悪税が、「奢侈《しゃし》物品税」です。戦争遂行に不必要な物品にもかけた。それでも庶民は今のようにモノを持っていなかったし、税を払うのはメーカーだったから、最初はさほど影響がありませんでした。ところが戦争終結までと期限を切って発令したのに、戦後も手放さないで残しました。最初は三十％も課税されていたんです。

――「物品税をどうまぬかれるか」という連載を、昭和五十七年にマルニの元安良文さんとGKの山口昌伴さんに書いていただいて大好評でした。

山本　戦前の家は全部和風でした。六畳八畳四畳半、畳の部屋ばかりでした。大正年間から玄関の脇に洋式の応接間をくっつけた家が出来た。応接間には、ピアノがあって、白いカバーをかけた応接セットがあり、壁に油絵がかけてある。近くに便所があって、そこから奥へは客を入れない。プライバシーを守るためのプランです。年に数回の客のための部屋だから、そこに置くピアノや応接セットは贅沢品だといって税金をかけた。

和風の家には家具はなかったから勢い家具全体に奢侈物品税がかかった。ところが戦後は団地ができアパートができ家具は必需品になったのに相変らず課税する。さすがに奢侈を去って物品税だけにしたが、家具、火鉢、鏡、傘立、水がめ、マッチなど、ほとんどすべての物品が対象になりました。以後、つねに追加修正されて、メーカーと税務署はながい争いの時代にはいります。

桐や漆は伝統工芸品で非課税でしたから、メーカーはわざと桐を50％以上使って、これは桐簞笥だと言いはりました。また簞笥は分割してそれぞれに課税対象額以下の値段をつけて売りました。十三万六千五百円以下の簞笥は折衝の末非課税になったからです。机は課税で、カウンターは不課税。箪笥は課税で、ロッカーは非課税。なんて言われてもそもそも理不尽ですから分らない。物品税対策の記事はいつも大反響でした。全家連会長だった佐々木武士《たけし》さんは、死ぬまで物品税と戦いました。だから僕は、やっぱり袖の下は出した方がいいと思います。

——政治献金か税金か、安い方がいいです。

山本　税金より袖の下の方が安いでしょう。みんながリベートをとれば、互いに非難しなくなる。

——私にも袖の下をもらえるチャンスがくるかな。

山本　こないよ（笑）。平成元年、物品税はすべて消費税になりました。あっけない幕切れでした。けれども遊興飲食税だけは残した。いま七千五百円以上ですけど、それっぽっちで遊興ができますか。

——今回は久しぶりに「室内」に縁のある話題でしたね。

・・・長屋百年・・・

山本　今回は長屋からマンションにいたる集合住宅百年の話をします。前回「奢侈《しゃし》物品税」の話をしたら、久しぶりで「室内」らしいテーマだと、喜んでくれたからです。僕はサービス狂です（笑）。

――まるでお年玉です。二〇〇〇年も無事迎えたし、いい年になりそうです（笑）。

山本　長屋というのは、万葉の昔からある古い集合住宅の形で、長い一棟をいくつかに区切った建物です。江戸時代の下町の長屋が有名だけど、長屋門といって大名屋敷では塀のかわりに屋敷のまわりの長屋に家来を住まわせていました。みんな身分の低い貧しい者が住む家でした。僕をはじめ現代人が住んでるマンションは、その長屋が化けたものです。

――エッ、山本さんの家は高級マンションという噂です。

山本　あなたがたは本物の高級マンションを知らないから、そんなことを言うんです。ワンフロアまるごと占めて、客を招いても恥ずかしくない部屋部屋があるのが本物のマンションです。日本にもわずかだけど本物があって、僕は招かれたことがあります。

明治大正までは藤森照信さんがよく紹介してるようなお屋敷や別荘があったけれど、戦後の日本には人を招ける家がまあないから、窮してホテルで人を招くようになりました。しまいには雷門（浅草）の脇にあった旅館や、両国国技館のそばの宿屋までいつのまにかホテルにしてしまった。

古くは東京駅のステーションホテル。これは純洋風のつもりですが宿屋のなごりで各室にバスがない。ボーイに頼んでおくと、風呂が空きましたと知らせてくれる。だけどそのつど湯を替えていたかどうかはおぼえていません。

——替えるでしょう。ホテルなら。

山本　分らないよ。旅館はいちいち湯を替えないもの。そのかわり湯に入るにはマナーがありました。銭湯がなくなって、マナーも言葉もなくなりました。初湯、松の内は早じまい、なんて聞いたことありませんか。戦前は「朝湯」がありました。客は老人が多かった。「しまい湯」は少し臭かった。

長屋住まいの人でも、客が遅くなると泊まっていけとすすめた、客もそれではと泊まった。九尺二間《くしやくにけん》の長屋は落語にのべつ出てきます。実物は「江戸東京博物館」で見られます。あれは長屋でも最低、およそ六畳大の広さのなかに土間があるから、正味五畳位です。簡単な竈《かまど》があるだけで、風呂も便所も押入もない。布団は部屋の隅に畳んで積んで枕屏風でかくす。

人を泊めるといっても、近所の貸布団屋から借りてくるんです。互いに長屋住まいなら、それは恥ずかしいことじゃない。貸布団屋は山の手には少なく、下町には多く深夜まで営業していた。近松秋江《しゅうこう》という明治大正の小説家は、貸布団で暮していました。自分の上等の布団は質屋にいれて、一日十二銭といっても一ヵ月なら三円六十銭。

――質屋から出した方が得なのに。これだから貧乏から出られないんでしょう。

山本　ストライキが盛んだった二十年前を最後に、貸布団屋は激減、それでも電話帳に百軒以上残っているのはフシギです。

――結局無事だったY2K（コンピューターの二〇〇〇年問題）に備えて、貸布団屋は大忙し、年末は引張り凧だったそうです。

山本　衣食住のなかで、最後に残ったのが住です。いまデパートでは年中衣料品のバーゲンをやっています。高価な物もバーゲンに出ます。あの夥しいバーゲンのなかからいいものを選びだすのはセンスある人で、あなたのセーターいい色だな、それバーゲン？（失礼）と聞くとたいていうなずきます。「バーゲン美人徘徊す」という題で書いたことがあります。

ＶＡＮとＪＵＮが現れたのが昭和三十年代後半、あの時若者の服装は一変したのです。男の子に「流行」が生じたのです。むろんそれまでもお洒落はありましたが、それは目立たない、いっそ渋いお洒落でした。元禄時代は派手なきらびやかなお洒落でしたが、たび重なる贅沢禁止令でお洒落は深く地下にもぐって、渋くなったのです。結城《ゆうき》紬《つむぎ》は絹を木綿に見せたもので、高価ですがふだん着で、よそ行きには着られません。

衣食住のうち衣食はあり余って、捨てるくらいになりましたが、住はいけません。「兎小屋の働き蟻」と言われて十年以上たつけど、いまだに直りません。

なぜ立ち遅れたかというと、戦後、官に頼って任せたからです。大正十二年九月一日の関東大震災の時は、あくる日からバラックが建ちました。素人でも建てられるからね。鳶《とび》は江戸の昔から町内の仕事師で、今は世界一の土木工事のプロです。大工の棟梁をはじめ、そういう人達が身近にいたから、バラックの時代はすぐ去り、アッという間に本建築になった。罹災者は政府に頼らず、自分で建てた。

同潤会の名前も知らない

—— 関東大震災といえば、その復興のために建てられた同潤会アパートメントが有名で、いまだに人気があります。

山本 調べたら第一号は大正末年に建った墨田区押上の中之郷アパートでした。同潤会は将来の住宅の理想であって、畳敷もあったけれど、全体は洋風でした。風呂は共同で各戸にはなかったけれどトイレは水洗で、床はキルクで気持ちがよかった。ただし天井が低くて、狭かったのは致命的でした。いまだにマンションの天井は低い。

江東区、墨田区、荒川区など下町を中心に十カ所、青山、代官山、江戸川の山の手に三カ所、横浜にも二〜三カ所、三〜六階建の鉄筋コンクリートの集合住宅を建てたほか、木造一戸建もたくさん建てました。たしか若き日の西山夘三さんも関係していて、その話を書いてくれたことがある。今は大半が取壊されています。

——　そう言や青山の同潤会アパートは、安藤忠雄さんが建替える計画があるそうです。代官山も再開発されて、都心に残るのはひとり江戸川アパートだけになりました。

山本　江戸川には菊竹清訓氏が住んでいました。同潤会の家賃は他より高かった。なかに銭湯の代りに共同風呂があって、よきコミュニケーションがあったという。小能林宏城《おのばやしひろき》さんが懐かしんでそれを「室内室外」に書いてくれました。江戸川アパートでは同窓会があるって聞きました。

——　読みました。近所の人は同潤会に住む子を「アパートの子」、同潤会を「アカの巣」と呼んだとあって驚きました。社会主義者の巣窟ってことでしょうか（笑）。

山本　進歩的文化人が多かったからだろう。だけど一般の人は、同潤会を普通の借家や住宅と比べる気はありませんでした。なぜなら何十万戸何百万戸のうちのひとにぎりのアパートだったからで、同潤会なんて名前も知らない。建築のプロはみんな影響をうけたけれど、大工はうけなかった。一般は鉄筋コンクリートで家を建てる気なんか全くない。それをモデルに集合住宅を建てるのは官の仕事で、民はバラックを本建築にすることしか考えませんでした。当時の坪単価を調べれば、いつ東京中が本建築になったかが分ります。バラックは坪いくらとは言わないからね。

昭和五年には長屋も復活していました。当時、日暮里の大火の焼跡を国電の陸橋の上から見たことがあるけれど、千軒焼けたというのに、驚くほど狭かったのは長屋だったからです。火事と喧嘩は江戸の花というけれど、江戸時代の火事の大半はこんなものだったんでしょう。

実は当時の火事は「つけ火」が多かったのです。長屋は借家《しゃくや》で、大八車や人力車は親方からの借りもの、布団も借りもの、失うべきものは何もありません。火事になれば「たき出し」はあるし、借金は棒引き、沸くような景気ですから実は火事を喜んだのです。長屋にも上・中・並があって、九尺二間は最低、上の部には妾が住んでいた。

――落語の「三軒長屋」ですね。隣には剣術の先生が住んでいた。もう片っぽは鳶の頭。

山本 よく覚えたね（笑）。林家正蔵が住んでいた長屋も上の部だった。

――アパートと長屋はどこがどう違うのですか。

山本 何よりドアがある。ドアがあるということはプライバシーがあるということです。それから押入がある。九尺二間の長屋にはない。昭和十年頃のアパートは、家賃が十円でした。アパートはたいてい「○○荘」と名乗った。荘は別荘の荘です。

人みな飾っていう。いま電話帳を繰ってごらん。「荘」とついたアパートがどの位あるか。昭和三十年代までは貧乏がありました。当時の「荘」のついたアパートは戦前のアパートそっくりで、一間です、台所と便所は共同です。全部畳敷ですから家具はいらない、ちゃぶ台一つで、ドア式だけがとりえです。だから戦前は家具のある家は中流以上で、家具は奢侈贅沢品だと見られて、物品税をかけられたのです。これで前回の話とつながりました。もっとも別に便所は水洗、キッチン、バス付の高級アパートもありました。三十円以上はしたから、それなら一戸建を借りる人ばかりで影響力はなかった。

最小限住宅が理想になる

山本　関東大震災は東京一円が崩壊し焼けただけで、他は無事でした。戦災は日本中が焼けました。東京だけじゃなかったから、官に頼ったのは人情で、個人の力ではできないと考えたのが運のつきでした。応急にバラックを建てて、次いで本建築にする気力はありませんでした。国に団地を建てさせようとしました。国もそれをしようとしました。やがて団地ができ、そこに住むことがステータスになってしまったんです。官がすれば会議に次ぐに会議をします。情報は当然もれます。付近の土地は高くなります。こうして東京中の土地は年々歳々高くなりました。

昭和二十五年、池辺陽《きよし》さんの「立体最小限住宅」が発表されて、あれは最小限これだけの広さがあれば住宅として機能するという提案だったのに、当時は食うや食わずだったから、それが理想になってしまったのです。実によく考えてあったけれど、国民はそれさえ買えなかった。十五万円だったかな、僕も見ました。当時それを買えたのはヤミ屋だけだったが、ヤミ屋は成り金だから買いません。焼け残りのお屋敷を買いました。「最小限住宅」はこれが最小の家という意味です。それを理想の家と思いちがいをしたのです。広いのは贅沢で罪だと思ったのです。我々は戦後の再出発のチャンスに選択を誤って、最小限をモデルにしてしまいました。

――でも私は展覧会で見て、住んでみたいと思いました。

山本　狭さを承知のうえで、アイデアを買うのならいいんです。何度も言うけど、あの狭さをモデルにしちゃいけません。あれ以来我々は広さを理解できなくなりました。西洋人の家に招かれてその広さに愕然としても手遅れです。以来西洋人の客はホテルに招くよりほかなくなりました。自宅は最小限住宅で名だけマンションです、ヴィラです、レジデンスです。恥ずかしくないのですか。広い土地、広い家に住むのはブルジョワで、ブルジョワなら悪玉だと思い思わせたのは左翼です。

話は一変するが、長屋は総後架《そうごうか》（共同便所）でした。そこで育つと女性崇拝がなくなるというお話。これは戦前と戦後の大きな相違です。

――ハハハ。

山本　笑いごとじゃないよ。想像または妄想がないと、女性崇拝は生じません。男女別学には意味があって、不自然ですが、この不自然は必要だと思います。男と女は実は本来同じもので、区別なんかないから、わざと離れている方がそれに気づかず、女性を美化しついには崇拝するにいたるのです。

人間は裸で生まれて、二年あまり世話してもらわなきゃ口もきけません、生きていけません。動物はたとえば馬は生まれたときから既に全身毛に覆われています。脚を踏みしめ踏みしめ立って歩きます。人は火や道具を使って他の動物をついに征服するにいたりました。けれども火を使うまでに何万年もかかったはずで、それまでに滅びなかったのは不思議です。その間どうやって凌いできたのか。(小声で) それはね、悪知恵です。それが今、滅びる原因になったのです (笑)。

―― エッ、滅びることになったんですか。

山本 なりました (キッパリ)。いつぞやも言ったけど、人は時間と空間をなくそうとして、半ば成功しました。なぜ人は時間を相手に空しい戦いを戦うのでしょう。そもそも禽獣の頭の中に時間と空間の観念はないから、人間もそれをなきものにしたいのです。

禽獣はある日突然胸騒ぎがして、それが尋常でない胸騒ぎなので、これが死期だと悟って死場所をさがしあてひっそりと死ぬことは前にも言いました。生まれるのが自然なら死ぬのも自然なのに、それが本能なのに、人間は本能が壊れた存在で、ただ悪知恵だけで今日まで他を圧してすごして来ました、知恵あるもの知恵で滅びます。その日は迫っていると、私のなかなるもと禽獣の部分が察するのです。

けれども人はその日まで枕を高くして寝ている存在ですからご心配なく。人類さえ滅びれば地球はもとの地球に返ります。弱肉強食といいますが、百獣の王も腹がいっぱいなら獲物が目の前を通ってもとって食いはしません。貯えるということをしないからです。人間だけが冷凍室までつくって来年のぶんまで貯蔵します。その知恵のピークにあるのが原水爆です。原爆許すまじというのはタワごとです。作られたものは用いられることを欲します。近く用いられるでしょう。

―― そういう風につながるんですか。長い長い回り道でした（笑）。あれ、でもそうすると、今は共同便所はなくなったんですから、女性崇拝が復活するってことですね。

山本 そうはいきません（笑）。

紙一重でぶつからない

―― 戦後五十年かかって、ようやくマンションの広さは一〇〇㎡（三十坪）に近づきました。

山本 まだまだ狭いんです。西洋の真似して、もっと広くすればいいのに、それができないのは、平等意識に毒されているからです。少しでもましな家に住む人に嫉妬して許すまいとする。人は生まれながらに平等じゃないんだから、差別があるのはやむをえません。それなのに、それを言うのはタブーなんです。テレビや雑誌で大臣の自宅拝見などを見ると、たまたま百坪ある、二百坪あると騒ぐけど、そんなもの昔なら百石取くらいの侍の地所です。東大とか新宿御苑、六義園など大名や旗本の屋敷跡を見れば分る。あの広さがあって初めて屋敷と呼べるんです。大臣と自分を平等にしようとするから、日本中の家が小さくなった。屈折がないものは家じゃありません。

――屈折って曲り廊下や階段のことですか。

山本 そうです。だけど今のマンションは実に無駄なくできていて、ゼネコンの苦心が分ります。廊下の両側にドアがあるとき一方のドアを開けたまま、もう一方のドアを開けても紙一重でぶつからない。さながら危機一髪です。そんなとこに技術の粋を発揮しないでくれと言いたいくらい見事です。

――ほとんど曲芸です（笑）。

山本 むかし僕は古い家を増築した時つなぎの廊下を一尺広げて四尺にしたら、実に広々していいんです。殿中《でんちゅう》松の廊下みたいな気分になりました（笑）。

――誰と立ち回りしたんですか（笑）。

山本 内緒です。刀を持って遊びにおいで、相手になってやる（笑）。住宅というものは人間を育てるところがありますから、あんなに合理的で、余裕も無駄もないのは、いいことのようでよくない。無駄がないと、新式が現れると置く場所がない。テレビが登場した時は、困って床の間に置く人がいました。今パソコンの置き場に困っています。使わない部屋やコーナーは、すぐ物置になります。誰が何と言おうと、日本人の大半は物を捨てません。捨てるに忍びないからです。

――インテリアのプロは、一年間使わなかったモノは捨てろと言いますが、私もできません。でも早く捨てた方がいいですね、今後ゴミも有料になるばかりだから。

山本　（啞然として）あなたを驚かすには有料しかないんだね（笑）。良心もなければ常識もない。「とかくこの世はダメとムダ」と言ったじゃないか。無駄ってものが、どれほどいいものか、アパートやマンションにいると思いもよらない。これまで建築家は何をしていたんだろう。いまや団地で生まれて育った人が建築家になっている。そういう人が設計すると、便所と風呂は真暗だそうです。

――ああ、団地のトイレは窓がないから。

山本　大金持ちがいて、中くらいの金持ちがいて、並の人がいて、貧乏な人がいて、赤貧洗うがごとき人がいて、橋の下に乞食がいるのが治まる御代《みよ》です。みんな平等というのは不自然な世の中なんです。

――そういえば、最近ホームレスが増えているそうです。二十一世紀は治まる御代になるのかもしれません。

山本　難しいでしょう。この平等は一億「箱」のなかにはいる平等です。

・・・P《ピー》R《アール》・・・

――前回はマンションは長屋の化けたものだというお話（長屋百年）をして下さったので、今回は広告の話をして下さい。

山本　せっかくだけど広告なら古くは「小説新潮」の「社会望遠鏡」という欄に書いた「電通世界一」に尽きている。『室内』40年」（文藝春秋刊）でも総まとめみたいに書いた。今日は「広報」または「PR」について話しましょう。

広告は人をあざむくものだとながく日本人は思っていて、いまだに広告嫌いが大勢います。だからその悪いイメージを去ろうとして、戦後は「PR」という言葉を用いるようになりました。PRすなわちパブリック・リレーションズ（Public relations）とは、しばらく「人間関係」と訳されたが何のことか分りません。適切な訳語がないので広報と言いだしました。広告はPRの一部です。

――PRは広報で、広告とはちがうと言いたかったのですね。

山本　ところが広告代理店（電通、博報堂がその代表）がPRというと、やはり広告です。「PRのページ」と書いてあると読まない人が今でもいます。知恵を絞って記事と似たようなレイアウトまでして、最後にけし粒みたいに「ＰＲ」と書いてある、戦前はこれを「記事広告」と言いました。それを読ませたのは書き手の手柄なのに、なんだ広告か、だまされたと思う人がまだいます。

―― 私もそうです。

山本 二十代のあなたでさえそうなら、根はかなり深い。それも過去に広告が蒔《ま》いた種だから仕方がない。明治半ばまではたとえば、肺病、性病そんなものが売薬で治るわけないのに、本当の病人じゃない人が買って治ったのを実名入りで広告しました（笑）。

―― 電信柱に貼ってあったのがそれですか。

もっと使わせろ、捨てさせろ

山本 あれはもっぱら花柳病（性病）の病院と質屋の広告。すぐそこと矢印がついている。コレラは明治年間はコロリと言って、周期的に大流行して死人が出た。五人十人と子供を生んでも、伝染病で半ばが死んで、育ったのは半分という家がずいぶんありました。新聞や雑誌は広告が欲しいために、そんな怪しい広告でものせました。今でもぶら下り健康器とか、ダイエットの広告が出ています。ぶら下って背が伸びるわけがない。

「政府広報」も広報だが、これは読み手がない。広告と広報はなかに介在するのが広告代理店だから区別があいまいになる。その極端な例として、広告と広報は「電通ＰＲセンター戦略十訓」をあげます。何度もあげたけど、どうせ忘れているだろうから(笑)、再び三たび言います。「もっと使わせろ」「捨てさせろ」「ムダ使いさせろ」「季節を忘れさせろ」「贈りものをさせろ」「流行遅れにさせろ」「混乱をつくりだせ」以上の通りですが、あんまり正直で露骨なので一世を驚かせました。しかもこれはV・パッカードのベストセラー「浪費をつくり出す人々」のなかの文句をそっくり頂戴した剽窃《ひょうせつ》です。よくご覧、電通PRセンターとPRと名乗っています。その代表社員が自分の言葉として書いたのです。何という鉄面皮《てつめんぴ》。ただ商業主義の本質は突いています。あんまり本当だと世間は顔をそむけるということをこれは忘れています。

――PRセンターは何か言いましたか?

山本　驚くじゃありませんか。すでにこの十訓は廃した、書かれて迷惑だと僕に手紙で文句を言ってきましたから大笑いしました。様々な教訓を得ましたがこれは電通の社長故吉田秀雄の「鬼十訓」のまねで、もっと露骨にまっすぐに書いたものです。正直なら何でもいいというわけにはいかない例です。一流のPR会社の知的レベルを示す好例です。

どこの会社でも広報部はあって、広告宣伝部より心持は上位にいます。広報部のないのは出版社くらいでしょう。大会社は広告部の暗い過去を捨てたくて、はじめPRという言葉にとびついて、やがて広報部をつくりました。部長は企業の営業内容、主張、商品などについて広く大衆の理解を求めるための記者会見をします。広告部長がすれば広告になるから、社長の代りに広報部長がする。すなわち広報は広告宣伝を含みます。社長の代りに発言するのですから最も社長に信頼された人物じゃないといけません。大企業というものはいいことばかりして大企業になったのではありません。当然秘密もあります、節税脱税もあります。個人的な醜聞もあります。会社が問題を起すと、表沙汰にならないうちにもみ消すのも広報部長の仕事です。

――そういえば記者会見でお詫びするのは、たいてい広報部長です。

山本 新製品の発表の記者会見をして、それを記事にするかしないかは記者の判断次第、いいものなら記事として書いてくれます。すなわち広報はタダで広告させる、またはしてもらうのが仕事の一つですから、まず商品がよくなきゃいけない。商品に甲乙がなければ、会社の信用とか、担当者の人柄、その人が時々馳走してくれるかどうか（笑）。

――ワイロはいけません。

山本 中元お歳暮はいい、あれは日本人の知恵です。今みたいに、一人五千円をこえる接待は認めないのは、税務署が悪い。五万円なら分ります。五万円というのはホステスが出る席で明らかに接待です。五千円じゃ酒も呑めない。人を接待して自分も飲み食いするくらいの息抜きがなきゃ、会社員なんかやってられません（笑）。戦前はそんな卑しいことをしないように、充分な月給を出しました。銀行の支店長なら、盆暮の賞与を二千円前後くれました。家一軒買える金です。

――エッ、じゃあ一千万円以上です。トイレでこっそり数えきれません（笑）。

山本　だからちょっとした接待、部下を連れて飲む時も、全部自分持ちでした。何でも会社持ちになってモラルが混乱したのは税制のせいです。税制はモラルを滅ぼしました。

ＰＲに話を戻すと、広報には広報の予算があって大金を使います、一流企業ならＰＲ誌を出してないのはない位です。工作社に来るだけでも、五十誌以上あります。むろんタダです。善美を尽した印刷で執筆陣も一流です。

ＰＲの原型は、江戸時代の滑稽本や黄表紙などにあります。小説中にやにわに「私は○○の化粧水を使っている」なんて広告が出てきます。お香は「仙女香」がよく出ています。

当時は原稿料なんてタダ同然ですから、たいてい別に商売をしていて、その広告をちょいと入れます。それを怒る読者はいません。

――ああ、山本さんが「室内」の名をほかの雑誌に書くのと同じですね（大笑）。

そういえば、増田忠士さんの「らくらくキーボード練習帳」（日本経済新聞社）というワープロの打ち方の本で練習していたら、いろはにほへとの代りに、山本さんの文章が例文として出てきて、びっくりしました。

山本　二十刷も重ねているロングセラーだそうで、早速今月号に随筆を書いてもらいました。

――増田さんに頼んで、例文にしてもらったんですか。滑稽本みたいに。

山本　バカ言え。見ず知らずの人だよ（笑）。

ＰＲ誌はこんなに出ているのに、世間の人は知りません。書店で売っていないからで、これが致命的です。広報部がひろい世間じゃなく、社内有志と関係団体に送りつけて満足しているからです。一人が一冊ずつ選んで買わないのは雑誌じゃありません。広報部の心得ちがいの随一です。

ことに建築業界は読ませる工夫が足りない。僕は昔はＰＲ誌を全部見て、「建具報」から粕谷奎三さんを発見し、「木工新聞」から斎藤隆介さんを発見しました。今は見ません。あなたがたは何を読んでいますか。

――機関誌も含めると、全日本建築士会の「住と建築」は文化財の修復の話を必ず読みます。建築学会の「建築雑誌」と「ＴＯＴＯ通信」は毎号読んでいます。

山本　「建築雑誌」は明治時代から続いていて、会員の建築家が交替で編集長をつとめていて、最近渡辺武信さんが編集した頃からよくなって、建築の世界では今一番面白い雑誌のひとつですが、世間では誰も知りません。

――鈴木博之さん藤森照信さんも編集長をつとめて、今は若山滋さんです。

山本　若くてジャーナリストのセンスがある人に任せているのも、この雑誌の特色です。「建築雑誌」はお金をかけていないけれど、竹中工務店の「アプローチ」は大金をかけて、これが世に出た三十八年前は、新鮮で評判になりました。類似のＰＲ誌がたくさん出て、いずれも金はかかっているけれど、「アプローチ」を凌ぐものがなく、今では区別がつきません。これがパターンになってしまいました。最近僕が感心したのはアクタスの「スタイルブック」です。この編集ぶりは、本屋で売っていい水準です。その先駆けは「オレンジページ」です。ダイエーの雑誌ですけれど、完全に独立して、ダイエー以外の広告をとって、商品として本屋で売っています。ここが肝心なところです。いまだに定価二百六十円というのはタダ同然です。この雑誌がそんな値段で作れないことは、主婦だって分ります。そのショックで手にとってくれました。ダイエーのPRは成功でした。

広報部は外界に対して鈍感です。会社が金を出して、売らなくてもいいからです。「オレンジページ」をみた時に、これを土木、建築、インテリアに応用したら何ができるか、考える人がいなかった、遅まきながらアクタスはこれをヒントにしています。格安の定価をつけています。

――「スタイルブック」をはじめ、並のインテリア雑誌と比べて遜色ないPR誌は、たいていフリーの編集プロダクションに編集を任せています。

山本 誰に頼むか、広報部に選択する能力がないと失敗します。最近のフリーの編集者の質の低下は目を掩《おお》うばかりです。

明治のむかし森下仁丹と争って第二位になった守田宝丹を知っていますか。

――仁丹って銀色で小粒でかむとスッとする薬のような、お菓子に似たあれですか。

山本 日露戦争の当時兵士の必携薬として売込んだんです。丹というから赤かったんでしょう。兵隊が全員持つと、とんでもない量になります。ただスッとするだけで、眠気ざましでしょう（笑）。アイデアで仁丹は第一位になりましたが、それまでは宝丹が一位でした。宝丹は明治初年、驚くべしPR誌を出しています。戯作者の生残り仮名垣魯文、その弟子の斎藤緑雨も小説を書いています。永井荷風の名高い「濹東綺譚」の冒頭に、吉原の近所の古本屋で珍しいものは出ないかと聞くと「揃ってはいませんが、芳譚雑誌（宝丹のPR誌）があります」「ああ、こういうものを読むと生命《いのち》がのびる気がする」と荷風とおぼしき人物が言っています。明治十二年御届《おとどけ》、と奥付にあります。

次第に近づく記事と広告

山本　新聞広告が盛んになってから、明治のPR誌は衰えました。ただ丸善の「學鐙《がくとう》」は当時名高い文士内田魯庵の編集で、平成になってもなお健在です。いま新潮社の「波」文藝春秋の「本の話」講談社の「本」などはその流れを汲むものでしょう、読まれています。化粧品で戦前からあるPR誌は資生堂の「花椿」です。これを手がけた山名文夫《あやお》は、今でも資生堂が使っているマークをデザインした人で、この山名文夫とスモカ（歯磨）の片岡敏郎あらわれて広告は一変しました。

「子供の科学」を出して大成功した誠文堂の小川菊松は、大正の末年「広告界」という雑誌を創刊しました。当時の広告は暗い業界でしたが前途はあると見て新雑誌を創刊したのは先見の明があります。

少し遅れて佐野繁次郎の時代が来ます。小説は横光利一の時代で、佐野は横光の装丁で名をあげました。同時に「パピリオ」の広告を一変しました。佐野のデザインは、白い地の部分を生かしたところが特徴で、これでパピリオは大成功しました。

パピリオはもとは御園《みその》白粉本舗伊東胡蝶《こちよう》園で、お白粉を作っていたけれどその名が古くなって、パピリオ（蝶）と改めました。胡蝶園の時代は、新聞に歌舞伎や新派の人気役者の芸談みたいな記事広告をして、僕も子供のころ愛読しました。たとえば吉右衛門が「今月の『寺子屋』で松王丸を勤めます。久しく見られなかった故人九代目団十郎の型で演じて、首実検の時に刀を抜きます」なんて書いてある。

――松王丸って、「女房喜べ伜《せがれ》はお役に立ったわやい」と言った人ですか。

山本　そうです。あんたさすがに玉三郎のファンだけあって、少しは日本人らしくなってきましたね（笑）。僕は子供の頃、いつもこの豆芸談を読んでいました。

――え、今の話は大正時代の話でしたか。

山本　昭和初年かな。最後に一行、「やっぱりおしろいは御園白粉に限ります」とだけ出てきます。化粧品を買わない人も読んでいたから、PRとしてはたいそう効果があったと思うけれど、昭和十年前後パピリオと名を改めて以来この芸談広告は出なくなりました。

こういう限りなく記事に近い広告が次第にふえて、広告と記事の境目は次第に曖昧になりました。文藝春秋グラビアで「私の背広」と題して各界名士が初めて背広を着た時の若々しい写真にコメントをつけた日本毛織の広告は、十年くらいずいぶん読まれたものです。死んだようなグラビアのなかで「同級生交歓」と共に唯一の見られた広告でした。

――去年お話をうかがった座間真一さんの「結婚記念日」（週刊新潮）も帝国ホテルの広告で、各界名士の結婚式の話ですからつい読みます。

山本　同じく座間氏の「シネマを彩る電話模様」も映画ファンには読まれています。「とうでん俳句」「とうでん川柳」も「おやじとおふくろ」の次ぐらい読まれていましょう。PR誌といえば、「銀座百点」を忘れてはいけない。こんなに読まれているPR誌は珍しい。定価もついていますが、買物をするとタダでくれます。創刊は昭和三十年一月号、わが「室内」と同じ年、同じ月ですからいつも見てます。ただし金田中新喜楽（割烹）などの名高い料理屋、無数のバーやクラブを会員にしなかったのはなぜか。昭和三十年はまだ新橋の花柳界、「夜の蝶」といったバーの全盛時代でした。その一流の店（待合）を「銀座百点」の会員にしなかったのは偽善です。いま銀座の表通りは夜九時になると死の町です。裏のバーがあっての銀座です。銀座が浅草の二の舞にならずに生残れたのは、バーや小料理屋のおかげなんですから、もう手遅れだが恩知らずだと僕は思ってます。

何だこんなものと一蹴せよ

――毛色の変ったところでは、全国建設研修センターの「土木の絵本」シリーズ、土木学会の「ドラえもんの土木のひみつ」、大成建設のドキュメンタリー映画「明治建築をつくった人びと——コンドル先生と四人の弟子」は面白かった。この「土木の絵本」を「室内」で紹介したら、日建設計の林昌二さんが読んでみたいと問合せたそうです。

山本　これはせっかくのＰＲが、社員二千人を擁する日本一の日建設計の幹部にも知られていなかったということです。ゼネコンは政治献金のせいか名前は知られているけれど、土木は名前も実態も知られてない。同業者に知られるより、世間に知られなければ広報でもなければ宣伝でもありません。これは建築業界に限らずたいていの大企業広報部の共通の欠点です。忌憚なく言えば、この不景気に死に金を使っているとしか思えません。ことに土木をビルや団地建設だけだと一般は思っているきらいがあります。高速道路、港湾、飛行場、トンネル、河川、埋立て——土木あっての建築なのに世間はそれを知らなすぎます。ＰＲしないからだと言えば、していると言うにきまっていますが、げんに人材が集まらないではありませんか。根本的に広報を改めなければならないと愚考します。

——「ホームページ」がもっと充実したら、ＰＲの質も変るかもしれませんね。

山本　肝心なのはジャーナリストのセンスの有無です。今までのスタッフから、新しい発想は出ないでしょう。

編集プロダクションに頼めばいいってものじゃない、デザイナーとコピーライターが参加して何が言いたいのか分らなくなっています。「自分はじめお金はあたたかい」（銀行）「ニュアンスしましょ」（化粧品）こんなコピーは広告でもなければ広報でもありません。

ひとり雑誌社と出版社だけは代理店にまかせません。あの余白が全くない、きたない月刊誌週刊誌の広告！　広告代理店は自分たちにまかせれば美しい広告をつくると思っていますが、断じてまかせません。「自分はじめ」「ニュアンス」のたぐいになるからです。

大会社は広告また広報に無知です。重役には何だこんなものと一蹴《いっしゅう》する勇気がありません。重役は古いといわれることを何より恐れます。オーナーでない限り、幹部の任期は十年とありません。それにまぐれ当りで当ったコピーがあるからです。何を広告しているか分らない広告を、分らないと言いはるのが広報部長の仕事ではありませんか。代理店の言いなりになってはいませんか。広告代理店の本音は「電通ＰＲセンター戦略十訓」に尽きています。代理店に命令するのはスポンサーです。命令する人材が社内にいなければ外部から引抜くよりほかありません。

●●●文　士●●●

山本　今日のテーマは何ですか。

――　それは私の言うセリフです（笑）。私が決めていいのなら、「文士」はいかがですか。前に山本さんに伊藤整の「日本文壇史」が面白いと薦められて、第一巻から読み始めたら、登場人物が知らない人ばっかりで一冊読むのに一カ月かかって、いまだに全十八巻を読み終えていなくて、気がかりです。

山本　そりゃ悪かったな。一巻から読み始めたのがいけなかった。知ってる人が出てくるあたり第十八巻から読めばよかった（笑）。

「文士」という言葉は、今はもうほとんど死語です。作家といいます。僕はわざと使いました。いやな言葉ですが「三文文士《さんもん》」ならまだ残っています。売れない文士を嘲った言葉です。文士は今や「老人語」です。

――　老人語って何ですか。

山本　三省堂の「新明解国語辞典」最新版にあります。「やみやみ」は「むざむざ」の老人語とあります。死語の手前のつもりでしょう。言いだしたのは編者の金田一《きんだいち》京助でしょう。大笑いしました。

――幼児語の反対ですか。工作社にはその老人語を駆使する人がまだまだいます。山本さんのせいです（笑）。

山本　覚えなくてもいい言葉と言いたいのでしょう。こうして皆々「ボキャ貧」になりました。老人語――面白いテーマだ、コラムで紹介したい（笑）。

――文士って、武士という言葉に似て、着物姿で潔くてカッコいい感じがします。

山本　文に二種あります。売ってはならぬもの、売るものの二種です。本来文は志を述べるもので、売るものではありませんでした。だから文筆業という職業は、江戸時代まではありませんでした。文士は明治になって、武士という言葉からの造語でしょう。それまでは「戯作者《げさくしゃ》」、「筆取り」、すこし学のある人は操觚者《そうこしゃ》、と書きました。

――筆取りなんて相撲取りみたいです。

山本　芸人のことですね、今日は珍しく勘がいいね（笑）。キャンペーンは異口同音に同じことを言うことです。言わないと言えと忠告されます、それでも言わないと「村八分」にされます。故に「キャンペーンならみんな眉つば」です。いわゆる世論に承服できないから文を草《そう》するのです。どうしてそれが売買の対象になりましょう。世論に反することを言えば逮捕されたり殺されたりします。旧幕のころの林子平、高野長英、吉田松陰、昭和になってからは小林多喜二。志を述べるとはそういうことです。ところで明治初年まで教育ある男は文は漢文で書きました。西洋人がラテン語で書くようなものです。漢文唐詩といって文は漢の時代が最も優れ、詩は唐の時代が最も優れていました。

――漢字って、ただ中国の文字という意味じゃないんですか。

山本　李白一斗詩百篇といって飲むほどに口をついて詩を吐いたというが、李白も杜甫もそれを売ったわけではない。わが国でいえば、勅撰集《ちょくせん》に選ばれれば名は後世に残ります。平清盛の弟の薩摩守忠度《さつまのかみただのり》は一門が都落ちするとき、ひとり都に引き返して、勅撰集の選者藤原俊成に自分の和歌一巻を託しました、一首でも採ってくれたらと願ったのです。

――電車にタダ乗りすることを薩摩守（ただのり）すると言うことなら知っています。

山本　当時の女は漢字は知ってはいても使いませんでした、平仮名で書きました。故に男は恋の手紙を書くには平仮名を用いました。それに和歌を添えました。元来男と女は区別が定かでないから、女である証拠に、髪を長くして、平仮名を使い、化粧をしたのです。その伝統は明治半ばまで残って文武両道といって、武士は漢詩文を書きました。女は和歌をよみました。維新は教養のない足軽によって成ったというのは誤りです。伊藤博文は春畝《しゅんぼ》と号して詩人です。山縣有朋は歌人でした。児孫のために美田《びでん》を買わずという詩を残したのは南洲西郷隆盛です。乃木大将は武士としては凡将愚将でしたが詩人の名は残っています。乃木大将ご存知？

――二百三高地、ステッセル、厚意謝《こういしゃ》するに余りあれども、でしょう。

山本　寒川猫持の歌で覚えたな、「尻舐《な》めた舌でわが口舐める猫　好意謝するに余りあれども」。

漱石は印税三割とった

山本　娯楽としての文章は、読本、滑稽本、黄表紙のたぐいで、江戸末期に盛んになります。「八犬伝」の滝沢馬琴や「浮世床」の式亭三馬がそうで、難しい漢字も知っているけれど、志なんか述べません。

馬琴は、初めて原稿料を請求した人と言われていますから他はもらってなかったのでしょう。原稿料なし、出版祝いの酒宴を開いて、ご馳走してくれてそれでお終い。

――江戸時代の版元は蔦屋《つたや》重三郎と須原屋茂兵衛の名が残っています。須原屋は浦和だかに小売書店としてあると聞きました。蔦屋は写楽《しゃらく》自身じゃないかと問題になりました。

山本　江戸時代の版元はいま一軒も残っていません。現代の出版社も年中パーティやらご馳走はするけれど、原稿料を上げることはしません。執筆者も自分が頼まれた原稿がいくらか知らないで書くとは不思議だが、朝日新聞に頼まれて一枚いくらか、支払いはいつかと聞くものはない。世の中は「習慣」で動いている。原稿に請求書を添える人はありません。その根底には文章は売るべきものではないという思いがあるからでしょう。

――江戸時代からの習慣なんて長すぎます。見わたしたところ商品としての文章ばかりではありませんか。

山本　ひとつは印刷との関係があります。木版はせいぜい二百部くらいで摩滅します、増刷はあらたに版木を彫ります。版元の儲けだってタカが知れています。馬琴が交渉して原稿料をとったのは、売れたからです。たとえ二百部でも、版を重ねること十回二十回なら、かけあう作者が出てくるのは当然です。

――二百部なんて、謄写版なみです。

山本　江戸は百万大都会です。次第に読み手がふえます。貸本屋が買って背負って十日目ごとに得意先を回って、交換して商売にしていた。浮世絵や春画も隠し持っていて、これは相手の顔色をうかがって売りました(笑)。

――出久根達郎さんの連載にも、そんな話が出ていました。

山本　昭和初年、少年の僕が日本橋の病院に入院した時、まだ貸本屋が出入りしているので驚きました。当時は下町の病院はまだ畳敷でした。病院は貸本屋のお得意でした。

明治以来、活版印刷になっても、初版はせいぜい五百部です。元来健康な人は本なんか読みません。読むのは新聞がせいぜい、それも三面記事だけ。明治の文豪も原稿料で生活はできません。森鷗外や夏目漱石は西洋に留学して、印税というものを知って、ことに鷗外は印税制を主張しましたが、鷗外の本は多く売れないので立消えになりました。売れたのは紅葉(尾崎)からです。「金色夜叉」は読売新聞連載で、一度原稿料をもらっている。本は二度の勤めだから思召《おぼしめ》しでいいと金一封ですませていました。これが例になってしまいました。漱石からでしょう印税をとったのは。漱石は契約して「坊っちゃん」や「猫」は初版は一割、再版は一割五分、三版は二割という具合にだんだんエスカレートしてしまいには三割近くとったそうです。

――三割！　それでも儲かるのですか。

山本　過酷なくらい印税を取立てたらしい。漱石は朝日新聞に招かれた時、東大と一高の教師の収入を捨てて移るんだからと、何度も月給を確めて、朝日のお抱《かか》えになりました。月給は二百円でした。

――当時の二百円って大金でしょう。

山本　尾崎紅葉は明治三十年代読売から月給百円、二葉亭四迷は漱石とほぼ同時代なのに百円でした。二葉亭は遅れてきた維新の志士みたいな人で、志を述べるほうの生き残りですから金銭の多寡《たか》を問いません。そもそも二葉亭は、自分を文士だと思っていません。邦家《ほうか》の為に、日露戦争に備えてロシア語を学んで、外交官を目ざしていたんです。

文士に二種類あると言いましたが、明治に入るとそれとは別に、福沢諭吉のような啓蒙《けいもう》家が現われます。「学問のすゝめ」「文明論之概略」は、日本を何とか西洋と肩を並べる国にしたいと思って書いた本で、一種の実用書ですから売れました。大阪をはじめ日本中で海賊版が出たから、それを合わせると当時としては破格な部数になりましたが海賊版ですからお金ははいってきません。僕も半分位読みましたが、なんてくどいんだろう、もう分ったのにまだやってる、実はあれは翻訳だからです。

――エッ、翻訳なんですか。

山本　逐語訳の翻訳といっているのじゃない。読んで理解したまま口うつしに書いているからくどくなるのです。削りに削れば半分ですみます。ただ当時の人にはあのくらいくどく言う必要があったのかもしれません。ルソーを翻訳して日本に紹介した中江兆民は啓蒙家で、同時に文章家でした。

――兆民の弟子の幸徳秋水も、文章家だったと前にうかがいました。

山本　明治時代は小説家でなく文章家という一群がいました。兆民は東洋のルソーといわれたけれど、おそらく初版二百部、三刷したとして六百部。理解できる人、本当に読むべき人はその位でたくさんだったと思います。少年秋水は読んで弟子になりました。

「文字は言葉の影法師だ」と僕はよく言うけれど、これはギリシャ人の言葉です。ソクラテスも樽の中にいたディオゲネスも、孔、孟、老、荘も、文字でなく声で説きました。文字にしたのは弟子たちです。耳で聞いて分らない文は文じゃない、というのはそのためです。ところが教育が普及すると、黙読する人が増えます。間違えるはずがないのに誤るのは、そのためです。僕が子供の時にはすでに、学校は暗唱を重んじなくなっていました。なおざりになっていました。

ところで、勝海舟がオランダ語の字引を写した話は知っていますね。あんまり熱心だから、五十両で貸してやると言われて、勝はちゃくい（こすい）から二部写して、一部は自分用に、一部は売ってタダにしたといいます。

――「世はいかさま」ですね。

山本 出世する人は違うんです。紫式部の時代は印刷技術がないんだから、「源氏物語」はあんなに長いのに、一人が写して、それを次の人が写して、手から手へと渡って読まれました。写経といって、お経は写すものでした。経師の仕事は文字通りお経を写すことで、そこから転じて書画、襖、屛風を表装する職人をいうようになりました。漢字を間違いなく写せるということは、理解しているということだから、経師は知識人でした。大経師というじゃありませんか。

――明治まで食べられなかった文士が、どうして長者番付に出るようになったんですか。

山本 今でも食べられません。長者番付に出るのは、司馬遼太郎、松本清張、今なら赤川次郎など特別な人だけで、顔ぶれは同じです。原稿料は相変らず安いけれど、印税は定価が物価にスライドするから長者になれるんです。

――……(考えている)。

山本 そんなことも知らないの、編集者の端くれのくせに。本の定価は物価にスライドして上るから、単行本はいま千五百円前後で、印税はたいてい一割として、一冊につき百五十円。一万部売れると百五十万円だけど、十万部なら千五百万円になる。

――百万部なら、エーと、一億五千万円！「室内」の連載をまとめた安部譲二さんの

「塀の中の懲りない面々」一冊目はそれ以上売れましたから、億万長者ですね。

山本 あの時、僕は安部に「五万部までは作者の努力と、作品に対する評価と思っていい。それ以上は作者が寝ている間も、勝手に印刷して勝手に売れているんだから、自分のものだと思うな、すべて税金だと思え」と言ったんだけどどうしても理解しませんでした。支払と同時に源泉税を差し引かれている、なぜ二度とるのかと承知しませんでしたが、これは安部の言い分が道理です。

―― 私にも分りません。

山本 税金じゃない罰金だと思え。五万部までは自分の金、あとは全部税金だと思って銀行を別にしてそこへ振込んでもらえば腹を立てないですむ。寝ている間も勝手に売れて何千万という大金が舞い込む、税にとられたっていい気味だと思うのが大衆だ。日本の税制はこの大衆の嫉妬心の上にあるから、松本清張は年収一億だ五億だ十億だと書くな、税引き手取りを書けといっても絶対に書かないのは、書けば聞くも涙の物語になるからです。

ただの一円でインテリになれる

山本 明治から大正の本は、初版五百部七百部と少ないから、手造りで美しい。売れることを頼みに本を出すようになったのは、大正十五年、改造社の「現代日本文学全集」が三十八万部売れてからです。山本實彦《さねひこ》という社長は九州男児で、インテリじゃないから、伝統にとらわれない発想をしました。明治以来の文士の代表作を集めて、全三十八巻、菊判（A5判）六号総ルビ付三段組という最も小さい活字でぎっしり組んで、各巻五百頁、一巻で七冊分くらい入って一冊一円。当時の手塩にかけた単行本が一冊二円五十銭くらいだから、お得です、一生退屈しないと驚くべきコピーで売出しました。本が「欲」で売れることを発見したのです。

それまで本は足で踏んじゃいけないといって、シナの文字に対する敬意が残っていたのに、本を商品として扱って、一家に全巻揃えたら子々孫々まで伝わる家宝になる、教養人になれる、たったの一円でインテリになれる、これも欲と見栄です。今と同じで不景気といっても月に一円くらいの金はあるから、注文が殺到しました。

――「室内」も子々孫々に伝える宝だといって売りましょう。

山本　改造社の真似して新潮社が出した「世界文学全集」が五十八万部、春陽堂が出した「明治大正文学全集」が二十八万部売れました。一種の発狂状態でした。初めに申込金を一円とって、これを最終回の分にあてました。本ができてないのに金を集めるなんて、山本實彦はいかさまの天才です。

大正十五年頃、永井荷風は時事新報に、本は薄利多売するものじゃない、大量消費するものじゃないと、山本實彦を非難する文章を三回にわたって書きました。だから荷風の本は最初改造社の全集に入れられなくて、豆粒大に（交渉中）と書いてあった。

――これもうまいですね（笑）。

山本　でもね、結局改造社と春陽堂の両方から出て、合計五万円以上もらったから、きれいな口をたたくなと荷風散人は言われました。けれども改造山本の言うこともまんざらウソじゃなかった。半分も読まれなかったあの全集たち、戦中戦後初めて読まれました。本が全く出なくなって読むものがないせいで、向田邦子、久世光彦の世代はみんなあれを読破しました。それでなけりゃ新潮社の「世界文学全集」全五十八巻なんか永遠に読まれなかったでしょう。

あれ以来、版元は売るために本を出すようになりました。まるで月刊誌のように、毎月何十冊も新刊本を出すのは出しすぎです。大勢に売るための本は、大勢の気に入るように書かなきゃならない。その代表が新聞だと、何回でも言います。志を述べるということは、キャンペーンの反対を言うことで、江戸時代の人は命がけでそれをしました。

ベストセラーと聞いたら読むに及びません。本は出すぎです。読者人口の二倍三倍十倍出ています。心配には及びません。みんなつぶれます。

――本屋にあるまじきご発言ですね。慣れっこではありますけれど。

山本　編集者というものは不思議な存在で、売れる本と売れる本の間に絶対に売れない本を出します。隙をうかがって出します。本には魂の片鱗《へんりん》がはいっていることがあります。だから出したいのです。それが本屋の生きがいです。はたしてそれは売れません。

――それじゃ売れない本ばかりあさって買えば、本らしい本にめぐりあえるのですか。

山本　そうは問屋がおろしません、売れない本はたいてい売ろうと思って売りそこなった本なのです。ベストセラーの末路を見てごらん、一年たたないうちに古本屋の一冊百円の箱に投げこまれているから。たとえば「憲法改正」論はながく新聞のタブーでした、自衛隊を本当の軍隊にせよということもタブーでした、独立国で自分の軍隊を持たない国はありません。誰もそれを知っているのに、軍備の必要を説くこともタブーでした。「わが国は植民地だ、五十年間国民は欺かれていた」なんて言えない。どうしても言いたい時は、言葉は二重三重にならなくてはいけません。分った？　ああくたびれた（嘆息）。でもこれはわが「室内」でなくては発表できない言論です。

――大本営発表みたいでした（笑）。

山本　なに、プチ本営発表です。

・・・貧　乏・・・

山本　貧の盗みといって貧乏と盗みは切っても切れない仲だから、いちどきに話そうと思うがムリかな。高度成長以来貧乏はなくなりました、従って泥棒も激減しました。

――そうでしょうか。貧乏がなくなったというと、いやあると言いはる人がありはしませんか。

山本　あるある。オレは貧乏だと怒る人がいる、人は何百年来貧乏だったから、それがなくなったといわれると信じられない、不服なのだろう。聞けば年金だけで暮らしている、病気がちだ、つまり貧乏だというのだが、戦前は年金はなし、健康保険もありませんでした。今は収入がない老人でも食べられます。

――追っても追ってもホームレスがいますが。

山本　あれは貧乏ではありません。バブルの時、仕事はいくらでもあるから働けと勧めても食えるかぎり働きません。ホームレスにも色々あり、段ボールで小綺麗な小屋を橋の下に作って、夏は川で水浴して哲学者然としている男を見たことがあります。橋の上を群れをなして往く勤人に「オーイどこへ行くの」と呼びかけるコラムを書いたことがあります。

――ほんとに呼びかけたんですか。

山本　哲学者の風貌までは本当だが、オーイからは作りごとです。わずか三枚のコラムでも実録ばかりではできません、フィクションです。

――なあんだ作り話ですか。

妻は病床に伏し子は飢えに泣く

山本　江戸の町人は「世の中に寝るほど楽はなかりけり　浮世のばかは起きて働く」と言っています。ホームレスのなかにはこういう人もいます。人品卑《いや》しからぬ男でした。ところであなたはいま貧乏ですか？　過去に貧乏でしたか。

――給料は少ない気はしますが（笑）、今も昔も貧乏なんてしたことはないです。

山本　給料というものは永遠に足りないものです。能力給といって仕事が出来る人に多く与え、できない人には少なく、さらにできない人にはやめてもらえば、出来る人は五人ぶん七人ぶんもらえる勘定です。けれども組合は出来る人に多く与えよとは言いません。出来ない人もやめさせまいとします。会社も出来ない坊主をやめさせません。しかも終身雇用です。これが永遠に足りない理由です。能力給のほうがいいとお思いですか。キミはわが社の仕事には向かないが、他社では向く仕事があるであろうとアメリカの雇主は推薦状に書いてくれるそうです。親切だと思いますか。

――思いません。

山本　なぜですか。

――ひょっとしたら自分も出来ない坊主のグループにいれられるかもしれないからです。

山本　ご名答。その評価は上役がする、出来ない坊主といわれた当人は納得しません。有能は一人で、無能は大勢ですから衆寡は敵しません。それに仕事の八割は似たようなもので、独特なのは二割ですから、わが社に向かない人は他社にも向きません。その推薦状は親切ごかしです。こうしてわが国は明治以来物価をあげては給料をあげることを繰返して今日《こんにち》にいたりました。学生はすべて月給取になりたがりました。明治のはじめは腰弁《こしべん》といって下級の官吏、月給取はバカにされていましたが、次第に会社が大きくなると人の羨むサラリーマンになったのが明治の末ごろ、いっぽう上京して一旗あげるつもりの若者がいました。「実業之日本」という雑誌が今でもありますね。

――実業ってこのごろ言うベンチャービジネスですか。

山本　そうです。ろくに資本もなくて成功する人は百人に一人、千人に一人です。この時代の貧乏は独身で病気さえしなければ何とかしのげました。書生といって学僕になりました。居候においてもらいました。貧乏なくせに居候をおくんです。東孝光《あずまたかみつ》さんが「昔は家のなかに他人がいた」と書きましたが女中がいました。口べらしにただでいいから置いてくれとたのまれるのです。ほかに身よりたよりのない親戚の老人などがいました。

妻は病床に伏し子は飢えに泣くという歌がありますが、石川啄木の貧乏をご存じなら思いだして下さい。啄木は肺病です。歌は啄木の悲しい玩具です。当時は歌は金になりません。啄木の小説は売れません。肺病は妻にうつりました。だから親子兄弟を大事にしたのです。最後に助けてくれるのは親兄弟しかなかったからです。啄木は岩手県渋民村の出身です。東京で最も助けてくれたのは同郷の金田一京助です。幸い朝日新聞の校正係に雇われ小康を得たのもつかのま、床屋の貸間で息をひきとります。

何より健康保険がありません。肺病は不治の難病で贅沢病です。「不如帰《ほととぎす》」の浪子は肺病で隔離《かくり》されました。

—— 肺病にかかると色は透きとおるように白くなると何かで読んで、憧れたことがあります。

山本 ばかな。肺病と脚気《かっけ》は国民病で大正・昭和戦前が全盛でした。戦後ストレプトマイシンが普及してさすがの肺病もほぼ全滅しました。赤痢《せきり》、疫痢《えきり》、コレラ——法定伝染病は息をひそめています。

—— 不老不死は支那の王侯貴族の夢でした。わが国はいま世界一の長寿国です。

山本 古人が夢みた、いや夢にもみなかった極楽にいま僕たちはいるのですよ。

—— そうでしょうか。天国とか極楽とかはこんなとこなんでしょうか。

山本 こんなとこですよ。健康保険は戦前からあったけれど、一般には普及していませんでした。戦後もしばらくは、健康保険や年金に加入したくないと言いはる人がいました。だけどたいていの病気は、健康保険なら千円以下ですみますから次第に普及しました。

年金は本来、年をとったら倹約さえすれば何とか食べられる金額をもらえる仕組です。ところが二十代の頃は、自分が六十七十になることが想像できない。十七、八の娘は、三十になる前に死んじゃう、と言う（笑）。

―― 私だって、まだはたちのつもりです。

山本　（しばし沈黙）、そりゃそうでしょう、時々、小学生と話しているかと思う時がある（笑）。新入社員は入社したときから保険も年金も天引きされているから、みんな税金だと思っている人がいる。

―― 今年から介護保険も取られますが、私は保険も年金も税金も自分が幾ら払っているか覚えていません。でも保険や年金のおかげで、最低の生活が保障されて、戦前のような貧乏がなくなったことは、今分りました。

貧乏人ぶる人多し

山本　昭和三十年になると、政府はもはや戦後ではないと言いましたが、実際は昭和三十九年の東京オリンピックが境い目です。それまでは戦前の生活も商売も全て残っていました。たとえば各家庭に風呂がなく、まだ銭湯の時代でした。今はアパートでも風呂とキッチンがついてないと借り手がありません。家賃はいくらくらいですか？

——都内なら十万円前後でしょうか。近郊なら七万円台。

山本 それで食べられるのですか。

——みんな生活しています。

山本 一億総中流というけれど、家賃が収入の半分近くを占めるなら、中流とは言えません。家賃は二割以下でないと、お稽古もできません。

——お茶やお花なら習っている人がいます。

山本 戦前の中流なら茶や花は心得として習った。山の手では琴、下町では三味線でしょうか。向田邦子の小説中の娘は琴を習っています。それがくずれたのは戦後でしょう。家は百坪、二百坪の土地に三、四十坪の平屋または二階屋、庭つき一戸建が山の手の小住宅でした。戦前の東京は緑の町でした。薬研堀《やげんぼり》、八丁堀、三十間堀——いまは暗渠になりましたが戦前の東京は水の都だったんですよ。戦後の豆住宅には何より緑がありません。庭は最も忘れられました。

——やっと思い出してガーデニングと言っています。

山本 建築雑誌はこの豆住宅を○○邸と書くけれど、「室内」はそれをながく禁じていました。苦しがって○○さんの家と書きましたが、衆寡は敵しません。アパートをマンションというがごとしで、やむを得ません。

——私達は貧民ではないけれど、住宅だけは貧民だということですか。

山本 衣・食は足りたけれど、住だけは貧民のままです。前にも言ったように、戦後、「官」に任せたのがいけなかった。大正十二年の関東大震災のときは、官にたよらずみんな「民」の力で建てました。はじめバラック、五年もたたないうちに本建築になりました。

都心のビルは一階をブティックに貸し、二階以上に住むようにすればよかったのに、そしてその試みはあったのに、ゲタばきアパートと我々はそれを馬鹿にしました。これは失敗でした。おかげでいまだにウサギ小屋に住んで、通勤に一時間以上かかる生活をしています。つまり我々は実は貧乏なんですが、貧乏がどういうものか忘れてしまったのです。

以前「貧乏人ごっこ」というマンガがあって、ロングセラーでした。貧乏は「ごっこ」になったかと僕が書いたのは十年も前です。明治以来緩慢なインフレで生活が少しずつ豊かになって、どん底の貧乏は少なくなった。自分で望んでホームレスになる人はいても、乞食はいません。浮世という所は、金持がいて、中位がいて、貧乏人がいて、橋の下には乞食がいてはじめて浮世なのです。私有財産は盗みだというのは社会主義の正義です、だからそれを奪って持たないものに公平に分配するのが理想だというのは貧乏人の耳に快い正義です。

大衆は食べられる限り革命を欲しません。ひと握りの王侯貴族が贅沢と助平の限りを尽して大衆は食うや食わずでしたから、百年に一度、二百年に一度西洋では革命をおこしました。そして天下をとったものが同じ贅を尽し、大衆は同じ食うや食わずでした。だからまた百年か二百年たつと革命をおこして二千年三千年、こうして人間は健康を保ってきたんです。ところが今回は大衆が食いものを捨て、助平の限りをつくすようになってこれを倒すものがありません。大衆がまるごと倒れる番だというのが僕がこの欄で話した「社会主義」のダイジェストです。

――二十一世紀はこないだろうという持論ですね。

山本　今の貧乏は金銭の有無から生じます。わが国の教育には金銭教育がありません。金を不浄なものとして子供に教えません。役者も名門になると「オヤお雛様の刀の鍔《つば》が落ちてる」とかまととぶりを発揮しました。西洋でも金貸はユダヤ人専業で他の人はしてはならないことになっていました。

ものを作って売る職業に貴賤はありませんが、金を貸して利を得る商売は賤業でした。小学一年生からなぜ金教育をしないのか。一年坊主にはただ　オカネ　ガ　アリマスだけでいい。そこにまがまがしい何ものかがあることが分るでしょう。二年生三年生になるに従って、戦前は郵便局の時代、戦後は銀行の時代。売り手がいます、買い手がいますと次第に佳境にいる。当然貧乏があります、金持がいます、も教える。

――山本さんが教えたらさぞ面白い授業になるでしょう、あたしも聞きたい。

山本　貧《ひん》よりつらいものはないとか、貧は士の常とか、金がカタキ、金がもの言う、金の切れめが縁の切れめ、金で面《つら》をはる、マネーゲームにいたるまで高校までに金に関する老人語をみんな並べて教えてやる（笑）。

繰返して言うが夏涼しく、冬あったかく、食い物と着るものは捨てるほどあって、世界中を旅して、あんたがたは古人が夢にもみなかった極楽のまっただ中にいるのですよ。貧乏は「ごっこ」になったのですよ。

――そう言えばそうですね。そんな気はしてませんが。

山本　人間は隣人とくらべなければ仕合せになれないんです。皆がマイカーを持っているのに遅ればせに持っても仕合せになれないんです。全員食い物を捨てるようになって同じく捨てても豊かなんかになれないんです。足るを知るって言葉ご存じですね。

――はい知っています。すべりこみセーフで。

山本　クリントン大統領が来日した時、橘曙覧《あけみ》という江戸末期の歌よみの歌を引用して話題になったのを覚えていますか。

――覚えていません。

山本　新聞記者の誰もが知らなかったのだからべつに恐縮するには及びません。曙覧に「独《どく》楽吟《らくぎん》」という五十二首があってそのうちの一つを、日本人に教わったのでしょう、引用したのです。

昨日《きのう》まで吾《わ》が衣手《ころもで》にとりすがり、父よ父よと言いてしものを　という四つになる娘がようやく口をきくようになったのに疱瘡《ほうそう》で死んだのをなげいた哀切な歌もあるが、この独楽吟では貧しいが満ち足りた歌をよんでいる。米櫃《こめびつ》がこれだけ一杯だから、ひと月はもつだろう、それがうれしいという歌がある。

「たのしみは銭《ぜに》なくなりてわびおるに　人の来《きた》りて銭くれしとき」「たのしみはとぼしきままにひと集め　酒飲め物を食へと言ふとき」「たのしみは嫌《いや》なる人の来《きた》りしが　長くもおらで帰りたるとき」「たのしみは妻子《めこ》むつまじくうちつどひ　頭ならべて物を食ふとき」。

みなたのしみはではじめ、ときで結んでいる。名高い歌です。小学生から英会話を教えて、百人一首も知らない子に育ててどうする。

女の子が生まれると喜ぶ親がいた

山本　橘曙覧は本居宣長の孫弟子くらいに当る国学者で、異色の歌よみですから米や味噌くらいくれる人はあったのでしょう。洗うがごとき赤貧《せきひん》で、貧しくても心は豊かでした。ほんとの貧乏になると心まで貧しくなります。洗うがごとき赤貧で、その上不治の病いで朝鮮人参一本を頼りに死んでいった病人が明治まではずいぶんいました。

農村では親は子を売りました。貧しい親は善人ばかりだとはかぎりません。娘が生まれると喜ぶ親がいました。後で芸娼妓に売るつもりなのです。器量がよければ「左うちわ」です。「おしん」ははじめ女中奉公に出され、これが運のつきはじめでした。女衒《ぜげん》といって娘を買いにくる男が毎年回ってきたのです。

――宮尾登美子の小説で読みました。

山本　昭和になっても「綴方教室」の豊田正子は写真館で写真をとってもらっておいでと母

に言われ、知らないおばさんにつれられて写真をとっています。幸か不幸か話はまとまらなくて正子は芸者にならないですんでいます。喜んで売る親あり、泣きの涙で売る親ありでした。戦後四、五年花柳界が好景気の時代がありました。小くに、まり千代、五郎丸などがマスコミをにぎわし、それにあこがれ宝塚のスターにでもなる気で進んで芸者になるものがありましたが、驚いてすぐやめました。売られて芸者になった者との仲がうまくいくわけはありません。

――芸者の後継者はなくなったわけですね。

山本　そうです。戦後すぐ銀座に「赤トンボ」という洋食屋ができて、もと新橋の芸者だった女主人がサンドイッチと高級ライスカレーで売出して成功しました。それが子細あって虎ノ門に越していまでも営業していますが、昔の繁昌はありません。店はその女主人で持っていました。七十になっても明るい華やかな看板娘でしたが、九年ほど前に亡くなりました。葬式ができません。天涯孤独の身の上だとかねがね言っていたそうで、そりゃそうでしょう、この人昭和十年代に売られた娘の最後の一人だとはるかに察しました。

男の子が二人ありアメリカで育って、その地で働いていますからもと芸者としては幸運なほうですが、自分を売った親とはつきあいがあるはずがない。店のお客を招いた送別の会に私も出ましたがこれは大成功でした。

娘を売る親というのは昭和十年代が最後で、満洲事変以後は都鄙《とひ》を問わず軍需景気で子を売る習慣もなくなりました。芸者は芸がなければなれません。十二、三のころからの食いぶち、月謝、衣裳すべて主人持ちで、それが借金に上乗せされます。ただし売れっ子に育てば、そんなものすぐ返せます。主人のほうが機嫌をとる番です。

昭和四、五年からカフェーの時代になります。

――芸者の時代は終ったのですか。

山本 終りつつありました。女給は若い女でさえあれば芸なしでなれます。今までは女中になっていた娘がその日から働けます。女中払底はこれから生じました。芸者から女給に転じるもの引きもきらず、戦後はバーの時代で芸娼妓の時代は去りました。

――そして援助交際の時代になった？

山本 貧のために身売りする女は絶無になりました。これも極楽になった証拠の一つ、今後の貧乏は昔の貧乏とは違います。子を売る発想は生じないでしょう。

・・・電　話・・・

山本　今回は電話の話。近代文明を電話に代表させての話。電話は文明の利器です。利器って書けますか。今回から聞き手が新人に替りました。失礼ながらうかがいます。

――　まかせてください。間違えて力(りき)って書くとお思いでしょう、「利器」(と書いて見せる)、漫画で覚えました。

山本　電話は日本では明治二十三年に実用化されたとものの本で知りましたから、百年あまりの歴史がある。むろんグラハム・ベルが米国で実用化したのはさらに前です(一八七六)。ファクシミリは三十年ぐらいか、パソコンは十年かそこらでしょう。これはみんな同じ精神から生まれたものです。電話は文明の初期から現代までのチャンピオンです。

――　山本さんが子供の頃、ご自宅に電話はありましたか。

山本　あったよ。あったけどやめた。

――　そりゃまたどうして。

山本　御用聞きが公衆電話から女中にラブコールしてくる、家庭ではそんな電話が多かった。わが社では入社してひと月は電話に出てはいけないと禁じている。電話は片っぽだけ聞いていれば全体が分る。漱石全集や芥川全集には書簡集がついている、あれは漱石、龍之介の手紙だけしか出ていません。それで察しがつくこと電話の片っぽと同じです。耳をすまして古参《こさん》の応対ぶりを聞いていれば、内容には二種しかないと分る。こちらが支払う相手と、支払われる相手で言葉が違うのです。敏感な人ならひと月でわかる。どこの社でも新米《しんまい》が一番怖がるのが電話です。学生言葉なら一時間でも二時間でも話せる、それではいけないことはわかっている。けれどもよそいきの言葉はそもそも用意がないからにわかに出てこない。だから怖い。着物によそいきと普段着があるように、言葉にもあった。それがなくなったのは戦後からです。

――入社してはっきり知りました。

山本　だから最低ひと月は電話を取らせない。ひと月後にとらせると、たいてい古参の悪い癖の真似をする、たとえば「あのですね」っていう人があると「あのですね」。

それを注意した上で再び電話をとるのを一週間禁じて改めてとらせると、直る人と直らない人がある、電話評論家に育てるわけじゃないからそれ以上は言わない。あきらめる。

――私は山本さんから「敬語はこわくない」（講談社）という本を読めと与えられました。

山本　めんどくさいからよさそうな本があったから読ませた。少しは直ったから効果があったんだな。以後期待している。

電話の片っぽを聞いていれば、まず相手が目上か目下か、言葉の遣い方でわかります。僕たちの商売なら先方が印刷屋でこちらが版元だとこれはすぐ分りますね。ところがその印刷屋に

「すいませんすいません」って言う。すまなくないんだよ。これは急ぐんだ早くやってくれと言葉はやさしくても命じているんです。それをあんまりすみませんがやって下さいというと、そんならやってやろうか。

あんたがた学校で平等平等って習っていただろうけど、この世は平等じゃない。

——山本さんなに興奮なさってるんですか。

山本 世間が浅薄な平等を言いふらすからだよ。自由、平等、博愛って言われて育った子供が十七になって、人殺しになったんです。

——こりゃまた跳んではねましたね。

「ちょいと姐《ねえ》さん」はいやがられる

山本 曾野綾子さんの息子さんが中学のときだから今は昔、通信簿にお宅のお子さんは裏《うら》表《おもて》があるって書かれた、裏表があるっていうのは穏やかならぬことだから、先生に聞きに行ったら、先生いわく、お宅のお子さんは友達と話すときと、先生と話すときで言葉を変えるっていう。

——それを裏表があるといわれたのですか。

山本 普段とよそいきの細かい使い分けを知らない人がとうの昔先生になっている。あとで曾野さん、おまえよく裏表があったね、とほめたそうです。

――裏表があるってことは、優等生が犯罪をおかすようなものですよね、違いますか。

山本　違うな。表てむきと内実が違うことだろう。敬語のない国はないよ。すいませんとばかり言うから、ほかの言葉は全部滅びた。昔なら「ちょいと」とか「もし」って呼びとめるところをすいませんという。あんたレストランですいませんっていうだろ。

――おかしいと思いますけれど、私たちがちょいと、というのもちょいと(笑)。

山本　呼ばれた方も自分のことだと気付かない。ちょいと姐《ねえ》さん、といわれるのをいやがる。姐さんは蔑称だと思う人がふえてこの言葉はすたった。

――山本さんは私たちのことを、ちょいとお呼びになりますよ。

山本　芝居では「申《もう》し申《もう》し光圀《みつくに》様」「もし、おかみさんへ、お富さんへ、いやさお富」なんて今でも言ってる。

――もしもしが電話専用になって、しぜん使われなくなったんですね。

山本　流行り言葉はそれまでの言葉を滅ぼします。何よりの例がトイレで、トイレは手水場《ちょうずば》、ご不浄、はばかり、便所、すべて滅ぼした。流行り言葉を憎むのにはわけがある。

――「がんばれ」もそうですね、がんばれを禁じたら、現代人は話ができません。

山本　おッ、僕の口まねだな。電話が実用化されてから普及するまで何十年もかかってます。電話というものは一人が持っていても何の役にも立たない。

――電話はみなさんいっせいに持たないとはじまらないんですね。

山本　家庭には昭和三十年代まで電話は各戸になかった。初め官庁、それから大会社とその下請、または取引先には互にあった。明治時代珍しがって家庭にいれる人はいたが、すぐやめた。相手の家庭になければ無用の長物です。ただ商人同士にはあった。商人はおぼえやすい電話番号を奪いあった。「カステラ1番電話は2番」。べつに縁起をかつぐ人もあって、電話を買うには権利が生じ、電話を売買する仲介会社までできた。日本橋に赤木屋というのがあったが今どうしているかな。

――　あるようですよ。ＴＯＴＯは１０１０番で東陶です。最近は無理な語呂合わせもありますね。

山本　かな振ってあるけど、そうは読めないのがある。

昭和十年頃は電話がない事務所はもうありませんでした。出版社と印刷屋、紙屋、製本屋の間には電話がなければ商売にならない。商売人は必ず電話を引いた。電話のない事務所はそもそも事務所じゃなかった。個人に普及しなかったのは、ひとつには権利が高かったからです。高い権利を払ってまで家庭では必要なかった。電話は独占で競争相手がないから権利なんかとれたんです。進駐軍は電話に権利があるなんて信じられない。アパートで権利金をとるところまだありますか。

――　ありません。礼金はとります。

山本　それそれ、礼金て誰が誰に礼するんですか。あれは権利金が化けたものです。進駐軍は電話の権利を禁じました。

――山本さんの市川のお家ではいつ電話を入れたんですか。

山本　事務所で大抵の用事はかたづいたから家には必要なかった。ところが昭和三十年代、子供の学校からの知らせはみんな電話になったのです。昭和三十七年電話は普及して、電話がないのは僕の家だけになったんです。こりゃいけないって加入しましたが、それでも十五万円ぐらいとられた。

――その頃の十五万円は大金でしたか。

山本　いやそれほどでもない、それもあとで返ってくることになっていた。

――敷金みたいなものだったんですか。でも永遠に電話がいらなくなる時なんてこないじゃありませんか。

山本　家庭に電話の普及が遅れたのは必要がなかったからです。事務所と事務所の間には必要だったけれど、事務所と個人の間には必要なかった。

昭和七年の五・一五事件、同十一年の二・二六事件のとき、新聞記者は夜中に電報でたたき起こされています。電報電報って夜中にドンドン戸をたたくから、何ごとかと思ったら「スグシュッシャ　セヨ」とある。はっきり軍隊が反乱したなんて打てない、それでも新聞記者はすぐわかった。なぜかというとその前から、こんどは犬養（首相）がやられる番だ、高橋（蔵相）の番だって噂をしきりに流していたからです。事件当時の新聞記者の座談会や回想録を読むと、当時の記者は口々に電報だったと言っている。

その電報の時代がなくなるわけです。いま電報は祝儀・不祝儀に残るだけになりました。

―― 執筆者が受賞したりしたら担当編集者はすぐに電報打ちなさいと、教えられました。

山本 文句を工夫するより早く打った方がいい。「ウレシクテ　ウレシクテ　タマリマセン」。電報打つにはコツがある。紋切型でもいいから真っ先に祝う。あとから祝うならよほど工夫しないとだめです。

〆切はすぎたが　原稿はまだかいな

山本 初め電話には交換台があって交換手がいた。なぜか女の職業だったから交換嬢と書いた。明治時代には女の職業はそんなにない。看護婦、派出婦はあったが、百貨店の売子、バスガールは昭和に入ってから。女中は住込みの奉公人だから職業婦人には数えません。電話の交換手は通《かよ》いで、専門職です。けれどなり手が多くて薄給だった。百貨店の売子も安かった。高いのは派出看護婦。

職人は出職《でじょく》と居職《いじょく》があって、出職は大工、鳶、左官。居職は指物師、仕立屋、時計屋。

―― きょじょくですね。

山本 えッ？　きょ職じゃない、い職だよ。椅子職人の近くには張り職人、家具なら芝、古本なら神保町にかたまっていました。高度成長、昭和三十年代までは戦前の商売は皆残っていた。井戸屋、船大工、桶屋、仕立屋。

小説家も画家も居職だな。僕は昭和二十七年の「文藝手帳」を持ってる。付録に八百人以上の文筆家の名簿がついている。その当時の流行作家、丹羽文雄、石坂洋次郎、石川達三の家にもみんな電話はありません。

――編集者は手紙でやりとりしたんですか。

山本 大事な用は手紙だが、手紙だと二日くらいかかる。だから用は出しぬけに訪ねて足《た》しました。本当に火急《かきゅう》の場合はそれこそ電報です。昭和三十年代、千葉市に住んでいた斎藤隆介さんに電報で催促したおぼえがあります。

――どんな文句だったんですか。

山本 締切はすぎたが　原稿はまだかいな

――まだかいなですって。かわいいっ。

山本 梅は咲いたか桜はまだかいな　柳なよなよ風次第　山吹や浮気で色ばっかり……って歌がある。

あんたのような編集者はたいていだしぬけにあらわれた。阿佐ヶ谷には井伏鱒二が住んでいる。近くには誰と誰がいるとわかっているからもし井伏さんが留守でも、近所の誰かを訪ねる。三軒回れば文士は居職だから必ず誰かいる、心待ちにしています。

編集者は原稿を頼みに、または取りに来て、はいさよならってことはありません。たとえ三十分でも一時間でも話をして帰ります。すなわち情報の交換です。客はいつでもだしぬけにあらわれました。内田不知庵（のちの魯庵、当時二十三歳）は明治二十三年六月のある夜、森鷗外を不意に訪ねて妻女にどなたのご紹介かと問われてむっとして帰ります。すでに夜の九時を回っています。いくら野人《やじん》礼にならわずといっても初対面の人を訪問する時刻じゃありません。当時の夜は暗かったでしょう。不知庵だけでなく電話のない時代はみんな突然あらわれました。遅くなると泊まっていきました。朋《とも》有り遠方より来たるって知ってますか。

―― また楽しからずや。

山本 よくご存じでした。ありがとう。実は客は何千年来だしぬけにきたのです。結婚式や表彰式は案内の手紙がくるけれど、それ以外の客はすべてだしぬけでした。電話が普及して人間関係は一変したのです。不意に訪ねるのは失礼になりました。

―― 工作社にはまだだしぬけにくる人がいますね。日建設計の元副社長林昌二さん、Qデザイナーズの渡辺力《りき》さん、東芝の故山田正吾さん、双葉商会の中村正實さん、TOTOの中村豊さん。

山本 以前は石山修武《おさむ》さんもそうでした。

僕は老独身者でしょう。電話かけて今晩ごはん食べないかっていうとみんな拒絶します（とこちらを見る）。来月の何曜日だったらっていう。今晩の話をしてるのに――。戦前は日記の時代、戦後は手帳の時代になったんです。手帳片手に来年まで私のスケジュールはいっぱいだっていばる人がいました。僕みたいに真っ白なのは落伍者なんです。

——落伍者？

山本　落伍者の自覚があるんだよ。僕もこのごろは忙しくて手帳につけるの忘れちゃってさ、約束の上にまた約束しちゃう。手帳人間じゃない証拠です。山中暦日《れきじつ》無しといってね、今日がいつだか、三年前のことだったか十年前のことだったか、わからない。

——ここは山中なんですか。

山本　そうだとも。僕は定年を経験したことがないから知らないけど、察しはつく、定年になると、電話かけるところがなくなる、人が定年を怖れるのはそのせいなんです。働いていればいろんな人と付合いがあるが、それは会社あっての付合いで、定年になれば全部なくなる。渋沢栄一翁の末っ子、渋沢秀雄さんは俳人で、渋沢渋亭という号の持主です。

——しぶてえ？　あんまりじゃないですか。

山本　じゅうていと読むかと思ったらしぶていが本当だと教えられた。傘雨久保田万太郎がつけた。渋沢さんは紳士で、全然しぶとくなんかないのに。その渋亭に、

年々《としどし》に来る数減りし賀状かな

という句がある。今年九十になるって前書にあった。

これは巧拙に関係なく人の心を打ちます。年と共に付合いは減るんです。退職しても一度だけならもとの会社を訪ねることは許されます。「よく来た」って言われる、けれども今どうし

てるとは聞けない。二回目には挨拶の言葉もなくなるから、訪ねることはできない。つまり二度訪ねることは失礼なんです。

電話というのは不思議なもので、会ったら話せないことを電話なら話せる場合がある。以前テレクラなら顔が見えないから話せる、あれは匿名の一種だとは言ったね。

ＩＴは産業革命以上の革命

山本　人間は時間と空間を「無」にすることを永い間願っていた。東京大阪間を汽車だとはじめ十六時間かかったとする、昭和十年には八時間半になったとする。昭和三十九年には新幹線ができて三時間になった。飛行機ならもっと速い。電話はゼロです。電話は声だけですがファックスは原稿まで届く。ファックスができて一社で延べ何百時間が節約できるようになった。日本中なら何千万時間が限りなくゼロに近くなった。それだけ余暇がふえたか、給金が上がったかというと、ただ忙しくなっただけだ。戦前の会社員は名古屋出張なら一泊できた、今は日帰りです。なぜこんな甲斐ないことをするのかというと、人間の内心には本来時間と空間がないからです。もしパリにいるわが子が急病でしかも危篤《きとく》だと聞いたら、母親の心は瞬時に子のもとに飛びます。飛んでいって冷たいドアの金具の感触まで感じます。彼女の心中には時間も空間もないのです。時間なら十一、二時間余り、お金なら十数万円かかると承知するのは不本意なのです。だから時空を「無」にしようと試みて首尾よく成功しました。その代表として電話を槍玉にあげたのです。

人間は産業革命以来あらゆる角度から時空を無に近づけて成功しました。だから私はインターネットに挑戦しようと思うのです。

――わぁすばらしい。私たちは皆すでに操作しています。強い味方を持ちました。でも「ワープロにしようかな」って仰有って結局「めんどくさいが先に立ち」で沙汰やみにしましたね。

山本　あんなもの、タイプライターみたいなものです。人間の根底をゆるがすものではありません。それにひきかえインターネットは広く深く、政治、経済、倫理を根本からゆるがします。あれは魔物じゃないかと疑っています。

――魔物対魔物ですか。

山本　これをＩＴ（Information Technology）革命とアメリカ人はいっています。産業革命以上の革命です。そのプラス面を彼は数えますが、僕は数えません。知恵ある者は知恵で滅びます。もう時間はありません。その本質を見破って、ひと口で言うにはデテールまで知らなければなりません。及ばずながら試みるゆえんです。

あとがき

今回のタイトルは「この百年を一時間で」というほどの意味です。あんまり二〇世紀百年百年という言葉が氾濫したので避けたかったのです。ほんとは一章を読むのに短きは十分、ながくも十五分かかりません。その和を一時間と称したのはルフェーブルに名高い『○○』との一時間」(Une heure avec ユンヌ ウール アベック……)があったからで、図々しくもそれを借りたのです。

去年の問答集「誰か『戦前』を知らないか」(文春新書)の続きです。まことに戦後五十余年という歳月は、戦前を理解してもらうのを至難にしました。幸い若くよき聞き手の何人かを得て、私は終始談笑裡《だんしょうり》に話を進めることができました。それでも新書判一冊では尽くせません。

和気のうちに理解の半ばは成ったのに、まだ書かなかったものに大物があると気がついて前著の「あとがき」に書きました。それは花柳界(芸娼妓から女給ホステスに至る世界)、梨園《りえん》(歌舞伎俳優、芝居道の世界)、おお、何より私たちの戦前戦後百年近くを支配したあの社会主義!

社会主義には正義があります、資本主義にはありません。だから何よりも正義に惹《ひ》かれる若者たちを虜《とりこ》にしたのです。それがいま大新聞の、各省庁のデスクを占領しています。新しい正義が発見できないかぎり子孫はその影響をまぬかれません。

唐突ですが公衆電話の一通話は三分でした。この世の中の「用件」は一つ何々、一つ何々と事前に整理しておけば、三分で話せないことはありません。

それはハガキと同じです。ただ失礼だといわれているから封書にするだけです。電話の三分は何十万、何百万通話の最大公約数をとったもので、まことによく出来ていると私は常々感心していました。これを手本にして社会主義を最短距離でまとめてみました。ただし笑いを含まなければなりません。今回もそれを心がけましたが、話柄《わへい》が話柄なのですこし真顔になったのではないかと心配しています。

人生は些事《さじ》から成る、神は細部に宿り給うと私は信じるものの一人です。故に政治経済には真正面から言及しませんでした。ポケットのなかの千円札から天下国家の経済を察してもらおうと心がけました。ただこの小冊を戦前と戦後の「男女の仲」で結ぶつもりで果せなかったのは残念でした。いずれ稿を改めたいと思っています。

平成十二年　秋

山本夏彦（やまもと　なつひこ）
大正4年、東京根岸生まれ。パリのユニヴェルシテ・ウヴリエール修。昭和14年「年を歴た鰐の話」の翻訳を中央公論に発表、昭和30年、インテリア専門誌『室内』（もと「木工界」）を創刊。昭和59年、第32回菊池寛賞受賞。平成2年、『無想庵物語』で第41回読売文学賞受賞。『笑わぬでもなし』『「室内」40年』『私の岩波物語』『完本文語文』など著書三十余冊。

文春新書

128

百年分《ひやくねんぶん》を一時間《いちじかん》で

平成12年10月20日　第1刷発行
平成12年11月5日　第2刷発行

著　者　山本夏彦
発行者　東　眞史
発行所　株式会社　文藝春秋

〒102-8008　東京都千代田区紀尾井町3-23
電話（03）3265-1211（代表）

印刷所　理想社
付物印刷　大日本印刷
製本所　大口製本

定価はカバーに表示してあります。
万一、落丁・乱丁の場合は送料小社負担でお取替え致します。

ISBN4-16-660128-8

◆文学・ことば

◆社会と暮らし

◆教える・育てる

◆こころと健康・医学

◆コンピュータと情報

プライバシー・クライシス　斎藤貴男　023
西暦2000年問題の現場から　濱田亜津子　057
暗号と情報社会　辻井重男　078
電脳社会の日本語　加藤弘一　094
「社会調査」のウソ　谷岡一郎　110

◆サイエンス

ファースト・コンタクト　金子隆一　004
科学鑑定　石山昱夫　013
肖像画の中の科学者　小山慶太　030
日本の宇宙開発　中野不二男　050
ネアンデルタールと現代人　河合信和　055
天文学者の虫眼鏡　池内　了　060
法医解剖　勾坂　馨　100
ES細胞　大朏博善　105
ヒトはなぜ、夢を見るのか　北浜邦夫　120

◆アートの世界

脳内イメージと映像　吉田直哉　006
アメリカ絵画の本質　佐々木健二郎　020
丸山眞男 音楽の対話　中野　雄　024
エルヴィス・プレスリー　東　理夫　029
近代絵画の暗号　若林直樹　031
美のジャポニスム　三井秀樹　039
ブロードウェイ・ミュージカル　井上一馬　044
聖母マリア伝承　中丸　明　061
クラシックCDの名盤　宇野功芳　中野　雄　福島章恭　069
ジャズCDの名盤　悠　雅彦　稲岡邦弥　福島哲雄　116

◆スポーツの世界

ゴルフ 五番目の愉しみ　大塚和徳　034
オートバイ・ライフ　斎藤　純　048
サラブレッド・ビジネス　江面弘也　091
スポーツ・エージェント　梅田香子　098

(2000. 9)